高质量的陪伴
胜过
"朝夕相处"

秋色连波·著

辽宁人民出版社

图书在版编目（CIP）数据

高质量的陪伴，胜过"朝夕相处"/ 秋色连波
著. —沈阳：辽宁人民出版社，2019.1
ISBN 978-7-205-09496-6

Ⅰ. ①高…　Ⅱ. ①秋…　Ⅲ. ①家庭教育　Ⅳ. ①G78

中国版本图书馆CIP数据核字（2018）第268101号

出版发行：辽宁人民出版社
　　　　　地址：沈阳市和平区十一纬路25号　邮编：110003
　　　　　电话：024-23284321（邮　购）024-23284324（发行部）
　　　　　传真：024-23284191（发行部）024-23284304（办公室）
　　　　　http://www.lnpph.com.cn
印　　刷：北京盛通印刷股份有限公司
幅面尺寸：145mm×210mm
印　　张：10
字　　数：225千字
出版时间：2019年1月第1版
印刷时间：2019年1月第1次印刷
责任编辑：赵维宁
封面设计：子鹏语衣
版式设计：茶　茶
责任校对：常　昊
书　　号：ISBN 978-7-205-09496-6
定　　价：39.80元

前　言

　　十二年，我逐渐认识到教育是在螺蛳壳里做道场。

　　一开始当然不是这么想的。

　　从怀孕起看关于教育的书籍，看的书多了就有错觉，觉得十八般兵器在手，刀枪剑戟、斧钺钩叉、鞭锏锤抓、镋棍槊棒、拐子流星锤——有什么问题不能解决呢？

　　但我逐渐发现，孩子专治各种不服。

　　尤其一个脾气禀性与我自己完全不同的孩子。

　　与风车作战的堂吉诃德，慢慢恢复了神志，讪讪地扔掉盔甲与剑。

　　实践中印证了"江山易改，禀性难移"，才在心理学理论上寻找到答案。"禀性"大体对应心理学上的"气质"，但这个名词容易引起误解，不如就科学地叫作"高级神经活动类型"，是人格的生物学基础，与生俱来，非特殊情况难以大变。

　　气质类型影响性格特征形成的难易。

　　这解释了为什么适用于其他孩子的教育方法，用在自己家孩子身上有的灵有的不灵。书可以读，然而尽信书不如无书。特别所谓"优秀人才"的例子，常给人"这么做就可以"的错觉，成功的概率却小之又小。每个人还是需要摸索出一条自己的路来。

这并不是说读书无用。套路知道得多了，更容易找到适合自己的那一套。

譬如我所写无非在记录自己摸索的过程。有些铁板我踢过了，脚很痛；有些路我披荆斩棘地走通了，你或许也可以。

我们的例子有趣之处在于我主导了孩子的教育，而这个孩子却与我如此不同。

我们俩最显著的区别在于，他永远会给自己设目标。事后回想，这个特性从他很小的时候就已显现出来，他总有自己的坚持，会一遍一遍地重复，直到满意为止。我一度觉得这是孩子的秩序敏感期，后来发现不是，他几乎在任何事情上都会给自己预设目标，包括从 A 地到 B 地不多于一定步数。

去游泳的时候，他会决定，今天游 2000 米。我们的冲突在于，他要求我游 1000 米，遭遇了我强烈地抵抗。是的，我是个随波逐流的人，从不给自己设目标。

大多数人可能介于我俩之间。很多人问过我如何让孩子有目标，这件事我确实没有什么贡献，也没有任何心得。我只能说，不是习惯设定目标导致两种不同的人生道路，没有明确目标的人也在做事，对我这类人来说，并不知道命运会打开哪扇门，而这往往让我有意外之喜。（气质类型不决定一个人成就的高低，但能影响工作的效率。）

是否在意别人的看法，是否容易受到别人的影响，也是容易观察到的特征。

他是。我否。

我曾经记录过这么一段对话。

"我要超越他们。"

"你老盯着别人干吗？想想你自己的目标。"

"我的目标就是超越他们。"

"你的目标应该是——"我挥手，"我们的征途，是星辰大海！"

"那好吧。"他从善如流，"我在征服星辰大海的同时，顺便超越他们。"

当时贴的 tag 是"学好不容易，学坏可快着呢"。我一度为自己极坚定的内心而自得，但在与孩子共同成长的过程中，我逐渐认识到，这只是特点，并不是优点（气质并无好坏之分）。我不必自得，更不必试图改变孩子。他善于观察别人，并从中学习到自己需要的，他有很多好朋友，深受朋友的影响，基本上是好的影响。因为在意其他人的看法，他有比我更强的自控力。

完全接纳孩子的禀性，并不是件容易的事。很多人虽然已四十不惑，也并未与自己和解，可见其艰难。

不过，总要看清自己手里的牌，才好打，对吗？

而教育可努力的方向是什么呢？性格。

性格在心理学中归于人格的社会属性，于后天生活中习得。

基础教育在于文明的举止。

孩子虽然会受环境影响逐渐学会与人相处，但是十二岁之前需父母多多教导。不夸张地说，孩子的举止最能体现父母的教养。

知乎上有个"哪些礼仪是一个人必备的"帖子，值得一读。虽然都是琐碎的小事，但人的形象无非就是小事的累积。衣着得体彬彬有礼的人，谁不愿意多交往几分呢！

我所观察到孩子常见而易改的恶行是乱扔废弃物，及公众场合喧哗吵闹，莫把粗俗当作真性情。

其次是爱与美的教育。

第三是控制情绪的能力。

第四是独立思考的能力。

第五是意志力。

以上列出的只是本书集中讨论的部分相应内容，事实上，这些讨论贯穿全书，只不过展现的角度不同而已。

这是我将自己写的一些文章整理完之后总结的。起初只是遇到一件事想一件事，把它们写下来的目的是给自己留一份记忆，也给朋友们做个参考。现在能成书是意外之喜。感谢出版社的青睐，希望每一位读者都能有所收获。

在此感谢与我共同战斗、抱团取暖的家长们：子昕妈、梓玥妈、天朔妈、信元妈……

咖啡的亲友们：亦不二、品品、皮蛋瘦肉粥、海地……

NADA的亲友们：园心、Debeers、雨打沙滩、海阔天空……

本书的部分内容源自NADA论坛中的分享与讨论，在此一并致谢。

感谢曾给予孩子和我指导的杨丽君老师、雷霆老师、李子源老师、周小玲老师……

挂一漏万，不能尽举。

感谢孩子他爸，每每冲锋在前，享受在后。军功章里，有我的一半，也有他的一半。

感谢儿子。当妈使人进步，因为他，我成为更好的人。

Contents
目　录

第一章　学龄前

第二章　小学·理论与实践

第三章　小学·学年总结

第四章　小学・学习经验

第五章 小学·说说我们昨晚聊了啥

第一章

CHAPTER 1

学龄前

0~1岁：和谐稳定的家庭是给孩子最好的礼物

不管做了多少准备工作，一个孩子能给家庭带来的巨大变化都是新父母料想不到的。没有亲眼见过刚出生的孩子的人，对婴儿的印象大概是奶粉广告中那些白白胖胖、眼睛闪亮、笑得天真无邪的明星宝宝。生活的真相是：突然之间，所有的时间、空间都被小人儿的吃喝拉撒睡占领。最令人崩溃的尚不止如此，原本简单的家庭关系由于小人儿的原因变得复杂——事儿多了，人也多了，然后事儿又更多。

如何处理复杂的人际关系，这是另一个话题。在这里，我想指出的是：和谐稳定的家庭是给孩子最好的礼物。

家庭的核心始终是夫妻关系。对任何家庭问题的解决都将源于此。虽然在这个特殊的阶段，孩子理应得到最多的关注，但须牢记，育儿是夫妻共同的任务。我倒不主张一定要求爸爸对具体事宜亲力亲为，"责任各半"。各家有各家不同的情况，但是作为对爸爸的最低要求是，一定要在妈妈遇到困难的时候给予帮助。在此基础上爸爸尽可能地多多参与，才能享受到"天伦之乐"。关注孩子的同时，夫妻之间保持通畅的交流是非常必要的。

如果妈妈需要工作，在妈妈的产假结束前确定直接抚养人。

除非是父母长期缺席的情况，即使确定了直接抚养人，养育孩子也应以父母为中心。

在有长辈帮忙的时候，往往会有"老人更有抚养孩子的经验"等类似的声音，有时就连父母本人也会发怵，不自信。

压力通常是自己给的。不必事事精益求精，更不必如履薄冰。孩子不是易碎品（否则人类早就灭亡了），况且，现时资讯如此发达，可随时得到育儿指导。

有一个误会是科学育儿是量化，把大量的精力投入在计算孩子吃了多少毫升的奶，睡了几个钟头的觉，再对照所谓的标准来分析，如不相符，便费尽心思地调整孩子直至理想状态……这种做法只会带来大量的焦虑。请观察孩子的状态，而非数据。对于育儿这件事来说，自然，即是科学。请回归生命的本来。

每一对新手父母都会有事后觉得可笑，但当时觉得天都要塌下来的大惊小怪的经历。所以，有个"过来人"随时咨询将会有很大帮助。书当然更方便可靠。强力推荐的书是日本作家松田道雄的《育儿百科》。如果所有的育儿书中只能选一本带在身边的话，我会选它。

孩子在0~1岁期间变化是最大的。基本上是父母刚刚适应，小人儿又有了新情况，难得有稳定的平台期。

给孩子营造一个有秩序的环境和有规律的生活是育儿的核心。

孩子天生有秩序感，对他的生活流程安排需要固定，包括细节的稳定，孩子将在重复中建立安全感。有规律的生活（随着孩子的成长，规律不断变化），不但对孩子的成长有好处，也便于父母育儿。

玩具，是育儿的好帮手。

由于荷尔蒙作崇，在这期间父母往往容易买过多的玩具，其中有些特别精美的玩具起到的作用是满足父母的爱心。当然如果经济许可的话也未尝不可。要注意挑选适合孩子月龄的玩具。

有一个常见的误解，是所谓亲子活动或者所谓"早教"需要特定的时间用特定的道具才能完成。其实对于婴儿来说，世界本身就是极其神秘有趣的游乐场。作为"外太空"来客，他从发现自己的身体开始去感知整个世界。

家长在这个过程中起到引导的作用。

对着几个月大的婴儿说话，讲道理，解释自己的行为，也许让别人看着可笑，但这是和孩子交流的第一步。由沉默寡言的家长所带出来的孩子往往不仅在语言发育上落后，也不容易建立事物之间的逻辑关系。所以不要怕被人嘲笑痴心，做一个微笑服务的"讲解员"。追随他的眼神，告诉他那是什么，告诉他你在做什么，把他当作伙伴来商量事情，虽然现在他除了微笑并不能回应别的，日后却将长期受益。

须注意，当他集中精力观察某项事物或者沉浸在某个发现的喜悦中时，请不要打搅他。

别试图安排孩子的发展，把早教书丢到一边吧，需要对照的是"在此月龄如不能……请咨询医生"。做一个观察者和引导者，顺水推舟而不是拔苗助长。这要求家长付出更多的耐心和细心。

如何用有限的时间建立坚固的感情链接

杂志上常有类似的话题，主角是一男一女。大约是因为有血缘关系，许多人都认为父母和子女之间有天然的联系，关系并不需要经营。有不少将孩子交由他人抚养的父母借以安慰自己的说法便是："小的时候谁带没有关系，父母终归是父母。"

这不是真的。

我的一位朋友，家里有两个孩子，她和她妹妹。两个孩子只相差了一岁，父母无力同时抚养两个，因为种种原因，祖父母又不便同住。她自小是和祖父母一起长大。

我认识她的时候她已经成年，独住。到周末的时候回祖父母家叫作回家，回父母家叫作"去我爸妈那儿"。

某日她说起：看到妹妹拉着妈妈的手，觉得很羡慕。但自己无论如何对父母做不出亲昵的举动。

父母也不是不爱她，她买房子，父母替她出了首付。她不肯要，母亲眼泪汪汪地说这么多年委屈了她，父母觉得歉疚，希望可以为她做些事。她接受了，但与父母之间始终无法亲密。

建立感情链接的机会，错过了，便是错过了。

所以，如果不是别无选择，在孩子小的时候，请把他留在身边。

但在父母身边长大的孩子，也未必同父母亲近。

有的缘于父母对孩子的淡漠，有的却缘于父母对孩子的溺爱。溺爱孩子实际上是父母懒惰不肯用心的结果，表面上似乎有爱的形式，实际上缺乏情感上的交流。

父母和子女情感上的交流，最初是由肌肤接触建立的。

社会的传统不主张抱孩子，我觉得这和之前很多家庭孩子多、生活压力重有关系。仔细考虑那些说法会发现，其所主张的无非是要减轻父母的负担，并不是从孩子的需要出发。

而孩子的需要发诸内心，他们尚没有学会伪装、矫情。

能抱孩子的时候，尽量抱吧。

在孩子身上花的时间和精力，也是看得见的。

现在全职妈妈越来越多，给在职妈妈带来了压力。孩子幼儿园的老师就曾经对我说过，在职妈妈能花在孩子身上的时间，当然比不上全职妈妈。（那时候我是在职，听到这话心里有点不是滋味。在孩子上学后，因为种种原因，我做了全职妈妈。）

还好，时间仅仅是一个尺度，更重要的尺度是陪伴的质量。

不能常常在孩子身边，就拿出规律性的时间陪伴孩子，让孩子形成观念——某某时间段妈妈会和我在一起，某某事情要和妈妈一起做。

另，摒弃育儿书的概念，并不是只有亲子游戏、亲子阅读才算作陪伴。重要的不是陪伴的方式，而是感情的交流。时常看着他的眼睛，对他微笑。刷牙洗脸拉屎屎、穿衣吃饭等生活中的一系列琐事，能在他身边的尽量在他身边。

用笔画一下重点：所谓高质量的陪伴，不是指陪伴的方式，而是指感情的交流。

让他了解你所做的事情，让他陪你做一些他可以做的事情。让他去融入你的生活，而不是给他个乌托邦。

尽可能地与他单独相处。没有什么比单独相处更能培养感情的了，尤其是对于平日不得不把孩子交给保姆或者祖父母的妈妈，在能够陪伴孩子的时候，一定要与他单独相处。

在他最脆弱的时候，在他身边。平时不能陪睡的妈妈，在孩子生病的时候陪睡。去医院的时候，亲自抱着孩子，让他知道，你在乎他……将主角换成成年男女，爱情小说里有无数这样的桥段。

告诉他你爱他，不厌其烦地告诉他你爱他，谎言重复千遍都是真理，何况母爱通常不会是谎言，只是很多母亲不知道怎么表达爱。

有一本书叫作《永远永远爱你》，讲的是慈母龙妈妈和霸王龙宝宝的故事。故事的倒数第二句话是：我永远爱你，无论你在哪里，我永远永远爱你。有次读到这句，我看到孩子眼中泪光闪烁。而后他拉过我的手，放在他的脸庞边，问我：妈妈，你也会永远爱我，对吗？我看着他的眼睛，肯定地说：对，妈妈永远永远爱你。——除此之外，我将永远记得他的小脸在我手中摩挲的感觉。

从早教机构说起

我的一位朋友孩子两岁多，那天问起了早教的事情，另一位朋友痛心疾首地告诉她：太晚了！怎么现在才想起这件事？我们家孩子不到一岁就去"×宝贝"了！

听到这样的话，大多数人心里都会有点焦虑吧。

别让孩子输在起跑线上，而这个起跑线被提得越来越前。我还听说过孩子上了学遇到学习障碍，被归咎于孩子的妈妈孕期没有补充有助于脑部发育的×××。迷信这样原因的人，大概都是混沌学的教徒，认为初始的一个微小的差别会造成未来的巨大差异。

参加过早教机构培训的孩子，会在某些方面表现得比没有参加类似训练的孩子熟练一些，最根本的因素是"见多识广"。有过类似的经验，不管是对于玩具的操作，还是环境的适应，都会好一些。

这种差距很容易弥补。

如果孩子愿意，家里也有这个经济条件和人力条件，去参加早教机构的课程是个不错的选择。尤其是对于三岁以前的孩子，往往生活环境比较单一。早教机构可以提供很多新鲜事物，做一些在家里没有办法开展的游戏。对于孩子和带孩子的家长都是种调剂和思路的开阔。

抱着玩的心情，在早教机构度过愉快的时间，就很好。

如果对早教机构赋予太重的期望进而给孩子压力，对孩子的"表现"非常在意进而试图去"纠正""提高"，那么，这种早教恐怕只能带来家庭矛盾和不愉快的经历。

真正的早期教育和早教机构，是不能等同起来的。

相比较而言，幼儿园的教育影响更大一些。不过如果把孩子往幼儿园一送，便觉得完成了早期教育的任务，大概也可以称之为另一种类型的"靠天吃饭"。

学龄前儿童的教育，更主要的还是依靠家庭来完成。这种教育，是润物细无声的春雨，存在于孩子的整个生活状态中，也就是所谓的"言传身教"。教育的目的在于培养孩子完整的人格，帮助孩子适应社会。

孩子无时无刻不在学习。把学习内容窄化量化，对于早教机构来说，可以看作是他们的各种细分产品。对于家长来说，会比较容易认同这种简单的概念和"看得见"的成果。但是对孩子来说，遵从这种细分，实际上是把无限变成了有限，把主动变成了被动，把完整的人变成了大机器的螺丝钉。

学龄前儿童的学习，需要带有随意性。家长能做的是随着他年龄的增长给他提供尽量大的视野。让孩子根据自己的兴趣选择想要学习的东西，而在学习的过程中，家长也要管住自己说得太多的嘴巴和伸得过快的手，让孩子按照自己的意志去尝试、摸索。只有这样才能培养孩子的自主性和积极性。从开始接触新鲜事物，经过学习的过程，百般的尝试，掌握一种技术（哪怕是自己顺利地穿上一双袜子），都会给人带来快乐。催促、越俎代庖、批评，会摧毁这种快乐。

有朋友跟我诉苦，说即将上小学的孩子什么也不肯学，挂在嘴边的话是"我就是笨，什么也不如别人"。孩子有这种想法，一定积累了很多痛苦的经历。到了这个地步，父母得付出更多，才能纠正自己的错误。

当孩子开始学习一门专门的学科（这通常要到五岁之后），一定会遇到难关，这个时候需要家长帮助他来渡过。

这个难关，存在于孩子凭本能和聪明可以应付的范围边缘，是需要意志力来参与的。反复地渡过这种难关，才能给孩子打开更大的空间。

当孩子遇到难关的时候，哭、发火都是正常的。家长如果不能接受孩子的情绪，反而说出"一点儿苦都不能吃，你能干成什么事""你就是不爱学习"之类的话，强迫孩子更多地练习，这么做，在开始虽然能达到眼前的目的，例如学会某个技巧，但长此下去，会把学习本身变成苦役。孩子在心境上没有突破的话，难关只会越来越多。

接受孩子的情绪，认同"真的是挺难的啊"，并引导"怎么才能做到呢""你想我怎么帮助你"，把主动权交给孩子，给他全力的支持。多次经验积累后，会看到孩子心智的成长。

语言与逻辑

牙牙学语是孩子最可爱的阶段，从有意识地吐出第一个字开始，他便打开了一个新世界。大多数孩子从一岁左右开始有意识地使用语言：单字，叠字，词，然后是短句子，长句子。有的孩子早一点，有的孩子晚一点。通常老人会认为早说话的孩子聪明，其实不尽然。说话晚的孩子，在四岁左右也能追上大部队，达到正常的交流。这和身体其他方面的发育一样，有的孩子起步早些，有的孩子起步晚些，然后到了某一个时间点，大家都差不多。

所以孩子说话晚的家长大可不必着急。

但这件事情也并不是"一定要等到生物钟的敲响"才可以。家长可以适当地干预。

所谓干预，是对孩子的及时回应。我一向认为，沉默寡言的家长很难培养出口齿伶俐的孩子。

以我个人的经验，孩子学习语言是和他社会化的过程为一体的。语言的目的即是为了交流——交流是双向的，一方面是孩子表达自己所感，一方面是孩子理解别人所说。

理解别人这方面会早一些。家长可以在带孩子的过程中告诉孩子，我在干什么。再大一些，同他解释：我为什么要这么做。

举例来说，带孩子出门的时候，一边做一边告诉他：我们得带上水，渴了的时候喝。带水呢，得兑点热的兑点凉的，这样喝起来就正好了。我们还带点水果，切好了装在小盒子里。那我们怎么吃呢，得带上小叉子。还得带点湿纸巾，吃东西前擦手……

记得儿子在一岁多的时候，常在睡前自己念叨白天听过的话。还有一个阶段，是他学书上的话，从开始的一字不差到后来举一反三。印象中最深刻的是某次孩子去找小朋友未果，他表达难过的话是"可是太阳还是落下去了"，源自一本叫作《周周和红雀妈妈》的童书。虽然从字面上来看话不对景，但很准确地表达出天不遂人愿的情绪。

早读书对语言的发育有所帮助。但最重要的还是父母帮助他理清思路。例如，孩子可能想表达情绪表达不出，父母以询问的方式问他：你是不是觉得……（高兴/难过/愤怒/嫉妒，等等）？另以询问的方式给孩子建立如何描述事情：谁？什么时候？在哪儿？干了什么？为什么？ 一步一步深入。

孩子大一点要鼓励他表达自己所要所想。

对孩子照顾得太周到，往往会阻碍孩子的自我发展。语言也是一样，家长太心有灵犀的话，孩子就没有什么说的必要了。适时地装糊涂对他有益。否则可能遇到的难题是孩子上幼儿园后和老师同学的交流，习惯了"想到的被做到了，没想到的也被做到了"，突然发现周围的人"全都不理解我"，如同自绿洲堕入沙漠，那会感到多么困惑和痛苦。

另外一个不必着急的是孩子对某个音总是发不清，这大概和口腔肌肉发育的快慢有关。大部分孩子都会有"口齿不清"的阶段，若非如此，那句著名的"看，灰机！"也不会广为流传。即使说话流利的孩子也有可能对某个音发不标准。对此急于纠正会给家长和孩子带来不必要的压力。记得我的孩子小时候发不准 g 的音，苹果是"苹朵"，牙膏是"牙刀"，小狗是"小抖"，哥哥是"的的"。我们这对"无良"的父母常常不厚道地拿这个来取乐。然后，不知道在什么时候，这段好时光永远过去了。

孩子的语言发展分为两个部分，一部分是概念，另一部分是逻辑，把这些概念穿起来。

建立概念的时候必须简单清晰明确。通常来说，孩子接受概念性的部分都没有问题，差别在孩子接触的东西越多，他的知识面就越广。

语言发育的差别多在逻辑方面，即孩子的理解和运用语言的能力。这种能力是在一点一滴之间由父母来培养的。

多解释。

这种解释对于孩子建立安全感也有好处。我们对于不了解的东西会害怕。孩子对这个世界了解越多，恐惧感越少。

孩子处理问题的能力也将在这个过程中培养，这又是另外一个话题了。

为了分离的爱

网友评论"对孩子照顾得太周到，往往会阻碍孩子的自我发展"这句话：

"我从未想过这个问题，一直以为要像谈恋爱一样揣测宝宝的心理，以期达到心有灵犀的目的，原来这样却是不对的。不能要求每个人都能像妈妈和奶奶一样，能领悟宝宝的一个眼神一个动作。不理解有不理解的好处，可以让孩子学会沟通，让他人了解孩子的想法。"

这种说法和亦舒的那句"不相爱有不相爱的好处"异曲同工。不能说绝对的错误，但所谓"不××"所带来的正面影响远小于它的负面影响。正如相爱是婚姻的基础，相互理解也是父母和子女关系的基础。

孩子尚小的时候，心有灵犀的交流和妥帖的照顾会令孩子安心，为孩子建立最初的安全感。当孩子渐渐长大，开始发展自我意识后，他不再任人摆布，有了主张，尝试着自己去决定、去做一些事。这个时候，父母应把一句话记在心上：世间其他的爱都是为了让相爱的人结合得更紧密，唯有父母对子女的爱是为了分离。

对子女的期许无非是让他成为独立的人。

与被爱的人慢慢拉开距离，过程必然伴随着痛苦，算是另一种形式的生长痛吧。

有人说，不肯放手，将孩子从头管到脚的家长是自私的，是透过爱孩子的表象达到爱自己的本质。我觉得这种说法过于武断。这种家长通常并不能意识到自己行为的后果，"act of service"是他们爱的语言。但爱并不一定对被爱的人有益无害。以对方的需要来决定自己爱的方式才有可能达到爱的目的。

过程中遇到的最大困难是难以确定距离的长短。太近，没有意义；太远，又形如抛弃。更容易出现的问题是忽远忽近，让孩子无所适从。

解决这个问题的方式是把权力交到孩子的手中。父母并不需要成为孩子人生的"设计师"，孩子自己找到的方向才是他能够坚持走下去的方向。父母在其中的作用是给他尽可能大的视野，以及在他需要的时候提供帮助——意见，而非决定；辅助，而非替代。

给予孩子充分的信任。

孩子离开父母温暖的怀抱，蹒跚学步是出于天性，伴随着对身体的控制发展的自我意识同样出于天性。

如果能理解这一点，父母便不会为了孩子的"淘气"而过于烦恼了。孩子的淘气行为正是出于他们对世界的探索。只是这种行为有时不被大人的规则所接受。过度地强调规则会压制孩子冒险挑战的热情，所以在阻止孩子之前，先想想，这个规则是怕孩子受伤，还是仅仅为了维护成人的心理？

在"三不原则"（不伤害自己，不伤害别人，不伤害环境）的范围下，尽可能给孩子自由。

给孩子自由的空间，并不意味着家长"什么也不做"。相反，家长将承担最大的责任。需要时刻关注孩子，把孩子置于自己的视线范围之内，以防止他们陷入真正的危险，要保证他们的安全。同时，也体察孩子情绪的变化发展，对孩子的状态有充分的了解。

判断孩子是否处于自由的状态，最显著的标志是孩子可以自然地流露情绪，表达自己的想法。另一个指征是孩子对自己的生活心中有数，知道自己应该做什么，而不是活在父母的指示下并千方百计地与父母抗争。

家长的意志

2007年5月22日，我在博客中记录了一件小事：

接了孩子在小区里坐摇摇马，看到一位衬衫领带电脑包的男士带着约五岁大的小女孩。摇摇马有几种，那男士把女孩抱上一个跷跷板形式的，对，是抱。而两岁九个月的我们已可以在摇摇马上下自如。女孩嘟囔着：我不想玩这个！男士一边投币一边说：这个多好玩啊。女孩没有再争执，只是无聊地挨过了一块钱的上下时光。

我相信那位男士受过高等教育，也许已是某公司管理人员，我也相信他爱那个孩子，他觉得所做的一切无非是为了自己的孩子好。

但他的行为，只能定义为非爱行为。

很想请他读读那本《少有人走的路》，无论哪个版本。但我没有上前搭话，就像我的女友南希看着某个男人买走了店里最难看、完全不适合他的两件衣服时的感受："说实在的，我有点闷，感觉自己错过了一次造福人类、共建和谐社会的机会。"

就是那种感觉。

这种情景随处可见。

带着小孩子的家长不停地和孩子说话，孩子看花的时候叫孩子看草：宝宝，这是草，绿色的草……孩子看人的时候，指着花说：这是茉莉花，香喷喷的茉莉花。

带着大孩子的家长不停地给孩子出主意：秋千那儿没有人了，还不快去玩秋千……你看那个小哥哥都敢玩攀爬架，身手多利索啊，你也去试试，你一定行的……

当孩子开始学些什么的时候，总难免磕磕绊绊，犯这样或那样的错误，家长如督导员，不停地纠正：笔顺，注意笔顺，你怎么能从下往上写竖呢？错了错了，重来一遍！

父母觉得有责任引导孩子。

迫不及待地想把自己认为最好的都给予孩子，希望孩子不走任何的弯路，不"浪费"任何的时间，一往无前地沿着康庄大道前进。

教育不是以孩子的需求为中心，变成了家长意志的体现。往往越是"注重孩子教育"的家长，就越容易用力过度。

他们的世界和孩子的世界是分离的，不能与孩子形成互动。孩子被迫接受家长的灌输，在未能达到家长想要的效果时通常会受到苛责。

冲突是必然的，孩子有自己的生命力和自主性，不可能像流水线的产品按照设计一板一眼组装完成。在冲突发生时双方都感到委屈。家长最爱说的话是"我还不都是为了你好"，而孩子并不能认同。一方面，孩子被教育过的理性认为家长的确是为自己考虑；而另一方面，这与他内心真正的需求是矛盾的。孩子纠缠在这种痛苦中，如同一座活火山。

当火山沉寂下来的时候，后果已经产生。

最显著的后果是专注力的减弱和"缺乏主见"。

孩子天生有非常强大的专注力，他们很容易沉浸在"小世界"里，20世纪70年代出生的人大概都有蹲在树下数小时看蚂蚁搬家的经历吧，现在的孩子却少有这样的空间。被父母或者其他抚养人紧迫盯人，把原本在自然中发展的能力变成了按照某某标准进行的训练。孩子的成长从由内而外地自主发育变成了由外而内地被动接受。久而久之，孩子将失去自我的感觉，失去自我成长的能力。如同水面的浮萍，随波逐流，总是匆匆忙忙地赶往下一站，却从来没有真正沉醉在任何一片风景中。习惯了在家长的指挥棒下唯命是从，谨小慎微，生怕犯错。他们学到了技巧，却领略不到发现之美；学到了规则，却不能理解事物规律；习惯于盲从，却遗忘了思考。

等到家长对于教育力不从心的时候，常常转而责备孩子没有自觉性，找不到自己的方向。苦果是家长造成的，却要由孩子来承担责任。

感觉和体谅之心

人用感觉体察世界，这是生命的基本。

孩子的感觉异常敏锐，听不懂话的婴儿也能对他人的情绪做出反应。相对而言，成人受社会的局限较多，很多时候用"标准""经验"取代了感觉。另外，也对感觉有预设的判断，例如，认为嫉妒是不好的，产生嫉妒的感觉是道德的缺失。

孩子的情绪多变且大起大落。孩子发诸内心的快乐会感染大人，但对于孩子的哭闹，家长常常如临大敌。

不能面对孩子的"负面情绪"，大约是家长不知所措的缘故。不敢面对孩子的痛苦，第一个反应就是"停止他"。然而压制情绪只能导致更强烈的爆发，或者是经由其他渠道的爆发。

感觉其实并无对错。给感觉贴标签，否认真实感觉或者粉饰，导致的后果是被框入了一个叫作"标准"的模式中，任何有别于"标准"的感觉都是"政治上不正确的"。不能坦然地面对痛苦，也不能淋漓地体会幸福。痛苦伴随着内疚，幸福则混有羞耻。不能心安理得地接受他人的好意，表达对他人行为的好恶也甚为艰难。当对某事有了强烈的好恶时，本能的反应是去躲闪掩饰，要去寻找"正确的态度"。

感觉被标准所替代，失去标准便无所适从，那和千年之前买履的郑人又有什么两样？

家长面对孩子的情绪首先要做的事情是认可孩子的感觉：愉快的？还

是难过的？以及寻找感觉的来源：为什么会这样？把对事件的处理和情绪分离开，才能不被自己的情绪所控制，也不因为别人的情绪而感到压力。

除了对"负面情绪"的否认，另一个常见的对孩子感觉的否认是"吃饭问题"。人感觉饥饿而进食是再自然不过的行为，但颇有些家长在心里预设了孩子进食的标准，未达标准便追着喂饭，甚或出于种种原因（他把餐桌搞得乱七八糟！他边吃边玩！他吃两口就不吃了），干脆完全剥夺了孩子自由进食的权利，把饭勺牢牢地掌握在自己手中。久而久之，模糊了孩子对饥饱的感觉，将进食的本能以及对美食的享受变成了一项任务，一个"事儿"，一个孩子用以要挟大人的砝码。

被追着喂饭的孩子常常在交往上会出现"强加于人"的行为。这大概是因为他被"以爱之名"强加成了习惯，形成了不正确的行为模式。

忠于自己的感觉，才能去体会他人的感觉，形成所谓的"体谅之心"。

爱的能力源于"体谅之心"，换句话来说，"体谅之心"是幸福家庭的基础。对于家庭而言，理想状态是具体而微的"共产主义"。贡献自己所能贡献的，享用自己所需享用的。要达到这种状态，需要所有的成员都具有"体谅之心"。但是自我感觉被破坏的人没有坚定的内心，需要求助于外界的参照物。如果外界有较好的榜样，那么他也可能会做得很好。如果外界环境复杂，就容易导致他的观点混乱多变，通常最后其选择模仿的会是"最坏的榜样"。

对规则的遵守同样源自"体谅之心"。体会到"己所不欲，勿施于人""己所欲者，勿强加于人"的道理，才能真正理解规则。如果一个人的感觉从未被尊重，那么他也很难去尊重他人的感觉，从而难以内化规则。在有监督的时候因为惧怕被惩罚而遵守规则，在无监督的时候就可能会变本加厉地破坏规则。

无条件的爱与实事求是

父母对孩子无条件的爱是世间最强的力量。

所谓无条件的爱，用一句话来说：爱他，是因为他是他。

得到无条件的爱的人，内心是充实的。若与之相反，则永远有一个空洞，深不可测，遥不可及，用再多的物质也不能填充。

我们可以看到有些成人，在事业或恋爱中狂热地追求。甚至为了迎合所谓的"丛林规则"，违背自己的本性。这种人若是不能顺利达到目标，会非常挫败，做出过激的反应。

因为他觉得，所做的一切都是付出，都是为了某个目的的付出。而未达到目的，便全盘落空，进而崩溃。他内心中不爱自己，必须要用外在的东西肯定自己，要凭借外在的东西得到别人的爱。

有些人对"无条件的爱"表示异议，多半是因为"无条件"这个词并不能很好地表达这种爱的全部含义，反倒容易望文生义。但是又找不到另一个词来更好地表达。

无条件的爱并不是无条件地满足孩子的所有要求，那是溺爱。

父母无条件的爱，其实就是对孩子无条件地接受，不需要孩子做出某些符合大人想法的事情去换取父母的爱。而溺爱，实际上是父母没有能力去容纳孩子，用不加判断地满足孩子所有要求的方式来贿赂孩子达到"和平"的目的。

对于得到无条件的爱，孩子有先天的优势，刚出生的婴儿，尚没有被附加社会化的判断。很少有父母因为孩子长得丑而不爱他。但慢慢地，社会的价值判断被强加在孩子身上。考试有无名次，特长是否够级，上什么大学，找什么工作，甚至与什么人交往结婚，会成为影响爱的因素。

太多孩子怀疑过父母的爱。这中间有些父母是被冤枉的，并不是不爱，只是把关注点放到了某些带有功利色彩的细枝末节上。另一些情况是因为父母本身缺乏安全感，三观（世界观，人生观，价值观）混乱，并不懂得如何做父母。这样的父母如果对孩子不闻不问还好一些，可悲的是，越是把自己的人生搞得一团糟的父母，越是容易滥用做父母的权利，以"爱"之名伤害孩子。

对于"无条件的爱"的另一种忧虑是："你这样爱他，但其他人不会，那么他会承受不来。"

我的一位朋友就曾经同我讨论："我看到你对你家孩子的教育，你拿世上美好的东西净化孩子周围的环境，给孩子最美的爱，但会不会因此造成孩子的免疫系统过于娇嫩？有时候小时候的适度磨炼吃苦，比大了后忽然发现世界不是那么回事，可能更容易适应。"

有这种想法是由于某人的自身经历在里面。我们这代人中，有不少是"红旗式教育"下长大的孩子，被家长保护得很好，而后踏入社会，开始怀疑人生。

社会究竟是什么样子，很难一言以蔽之。即使是在同一个时代同一个国家，处境也不完全相同，或者完全不同。

而我们目前的奋斗，除却为自身考虑，另一方面也是希望孩子能有更多的选择余地，不必面目狰狞地为生存去争抢。

但把所有的美好给他是不可能完成的任务。

儿子曾经指着路上穿黑色皮衣的大胡子说那是坏人，我同他解释：

不，做坏事的才是坏人。他举一反三：那好人就是做好事的人喽。我说对。

实事求是，就事论事，是最行之有效的方法。

遇到黑暗面，不必否认或是遮掩。告诉他，对，是这样，有这么回事，而你该怎么办。

另一个重要的因素是父母。

父母不是十全十美的。父母的珍贵无非是对他的爱。但父母也有缺点，也会犯错。

小孩子若能认识到这一点，便容易接受世界的缺憾。大多数人对社会的怀疑是从对父母的怀疑开始的。从一个极端（父母是完人/父母做什么都是对自己好）走向另一个极端（青春期叛逆时觉得父母说什么都不对），而后接受父母也是普通人，自己也是普通人。而世界就是一个有美景有惨象有和平有战乱有健康有疾病有享受有折磨有关爱有仇恨有忠诚有背叛有白有黑有深深浅浅的灰的世界。

孩子常说："我有时候就是会……"是因为我对他承认："妈妈有时候也会情绪失控，也会抱怨，也会做错事……"

当一个人宽容别人的时候，才能理解别人对自己的宽容。

宽容及一些与孩子相处的小技巧

在与孩子的相处中，矛盾常常在于：我们的心中有既定的规则和标准，孩子没有，或者说，孩子的规则和标准与我们完全不同。我们所坚持的某事在孩子看来是种强迫，孩子所坚持的某事对我们来说是匪夷所思。

让孩子理解大人的意愿很难，需要从小系统地培养（所谓的好习惯），而孩子会超乎大人想象的固执，用激烈的手段反抗，或者在某事上屈服，在更多的事情上发作。所以，只能充分地理解孩子、引导他，而非压制与强迫。

一个常见的误会是孩子都好逸恶劳。

实际上，在工作中，我们会发现对某人最大的迫害不是给他比别人都重的工作，而是在其他人都有工作的时候，不分派他任何工作。

孩子也是一样。

让他做一些事情，夸奖他，建立他的自信，哪怕因此你要花费更多的时间来善后。一些力所能及的小事，会带给他发自内心的快乐。

特别是在家里人手少的时候，是将孩子的角色转变的机会，使其从一个完全被"看护"的角色，转变为"家庭的一分子"。

时常寻求孩子的帮助，会令他觉得自己被重视。

孩子在一天天长大，家长需要不停地修正自己的观念和对待孩子的态度。

一个小技巧是，在小的时候给孩子营造一种有规律的生活，会有助于孩子养成良好的习惯。

但规律并非完全不能打破。我觉得，能在九成的时间里过有规律的生活，剩余一成，也是种调剂。

对孩子的引导，需要父母想在事情发生之前。举例来说，如果第二天想让孩子早点起床，那么头天应该早些安排孩子上床，为了孩子早些上床，白天应安排相对大的运动量，而临近上床时间，安排安静活动。以此类推。（类似在工作中，如果想让某人更好地做某事，应给他提供相应的有利条件，各种支持。）

如果不想让孩子接触某样东西，那么最好的就是别让这种东西出现在他的视野中。不要挑战孩子抵制诱惑的能力，那很残忍。

如果不想让孩子做某件事情，那么提供更有吸引力的其他活动。

对于孩子所做的一些令大人觉得"不可理喻"的事情，表面上的接受会比强迫他更正更好。尤其是这件事情虽然"诡异"，并不"真正"妨碍其他。

孩子曾一度要求把尿尿在瓶子里，且保存一段时间。于是，长达数月，我家洗手间里同时摆放数个矿泉水瓶——晚上再偷偷倒掉。突然有一天，他厌倦了这种方式。哗，大家都松了口气。

他的极品事迹还包括一度坚持在自己的小床上拴着个早就漏了气的气球—— 一只小鸡。当我们要把它丢掉的时候，他说：这是我的儿子，你们不能丢掉它！ 这个破气球拴了半年多了，拖在地上各种碍事。

当然，我也利用这件事得到了一个好处：你不丢掉它，就不可以买新气球——不知道节省了多少个五块/十块钱！

给孩子一点儿时间，也是给自己少一点儿烦恼。

把这些事情视作孩子发展中的正常阶段。

什么是正常的孩子？这个"正常"的定义常常令我们烦恼。是内心的那把尺子作祟。孩子是不按牌理出牌的。孩子还很小的时候我一度焦虑，尤其是在对照"某某月龄的孩子在各方面发育应达到某某标准"。而后我改为参照"如果某某月龄的孩子未有如下表现需寻求医生帮助"，结果孩子样样都达到。换句话来说，不是"不正常"，便是"正常"。

一个正常的孩子，不可能时时刻刻是妈妈的小甜心，间或是妈妈的"大噩梦"才对。永远不要指望孩子对父母言听计从（自己做到了吗），永远不要指望他兑现自己所有的承诺（这个也很少有人做到吧），接受他偶尔没有理由的哭闹（事实上他肯定有理由，只是这个理由我们不知道）。

理解孩子，宽容地对他。

另一个小技巧是，在引导孩子的时候，充分利用暗示而非命令。买书的时候注意内容，不知不觉中给他树立：这样做很酷！那样做很傻！这件事就应该是这样的……

做好了铺垫，到了真正发生类似事件的时候，他就容易接受你的意见了。（你想让他掉下去，得先挖个坑！）

我很替一些孩子委屈的是，家长最初觉得：这没有什么……当孩子走得过远后，又指责孩子：你怎么能这样！但孩子很难掌握这个度。

如果没有告诉孩子这件事应该怎么做，就不要埋怨孩子做错。一旦发生这种事，同他说：对不起，妈妈忘了告诉你……

在工作中，我会用比较严格的规则带新人，等他有了良好的工作习惯后，自然会更有弹性地工作。但在最开始，如果给他很大的范围，那么可以预料，他一定会做错某些事。

孩子也是一样。告诉他，这件事，基本的方法是什么，但在遇到特殊情况下，我们还可以怎么处理……

一点点的复杂化。最初教给孩子的，应该是最简单可行的方法。

另外还有一个小技巧——说话的技巧。对有些可能令你很怒的事情，表现要轻描淡写，闲闲地说："咦，好恶心。"（这会令他觉得无趣！）比张牙舞爪地说"你怎么能那样做"，有时效果会更好一些。

每个孩子都有逆反心理，过分强调一件事，会令他们印象深刻，加强惯性。压制之下，只能带来反抗。不管他们是在沉默中爆发，还是在沉默中灭亡，都不是我们想得到的结果。

偶尔，当你想让他朝西的时候，需要和他说向东。

有时需要给孩子一个讨价还价的余地，也就是设置底线。这个底线你自己知道，孩子不知道，告诉他的是把底线加上十厘米，即使他还了五厘米的价，大家也都笑眯眯地觉得自己达到了目的。

另外，永远要给孩子下楼的台阶。穷寇莫追。有次儿子因为洗手的事情哭闹了一场，最后他独自坐在洗手间，不许任何人进去。过了几分钟，我去敲门，温柔地问他：你是打算什么时候喝奶呢？他说：等一会儿。再过半分钟，我问他：现在我可以给你冲奶了吗？他说：可以。事情就过去了。

非要孩子承认错误，最后孩子的坚持并不是针对那件事，而变成对自尊的捍卫。

规则与遵守规则

自孩子懂事起，便在学习规则。

家长制定家里的规则。这会让新父母很头疼，左右不是。太右怕孩子成了小霸王，太左又怕拘了孩子的天性。家庭规则的范围取决于父母可以接受的程度。正如我一个朋友所说："你容忍什么，你就会得到什么。"

我自己制定规则时参照了蒙氏的三原则：不伤害自己，不伤害别人，不伤害环境。另一方面：要求孩子所遵从的所谓规则，一定是符合常理，符合客观规律，能被孩子认识和理解的。如果一个规则无法向他解释，超出了他的理解范围，那么这个规则对于孩子就是无效的。

各家有各家的规则。例如，在我娘家，一边吃饭一边看电视是被允许的。然而在我自己家，由于孩子爸爸的坚持，吃饭的时候电视机一定会关掉，"以专心享用妈妈辛辛苦苦做的饭菜"。对于较小孩子来说，这可能会造成迷惑。略大的孩子便懂得"到什么山唱什么歌"。对于这种差异，有些家长会比孩子更烦恼。放轻松，孩子的适应能力远远超出大人的想象。尊重"主人"的规则远比其他细小规则重要。偶尔的变化也不会有不可改变的恶果。如果实在因此烦恼，那么就不要把孩子放在自己无法做主又与家庭规则相差过大的环境。

家外的规则有的落在纸面上，大到法律，小到班规。很少有人通读法律，但一定要学习"班规"。有的规则是潜在的，需要孩子在探索世界的过程中发现。在探索之旅上，家长及时的解释会让孩子少走些弯路。

有句古话叫作"不知者不为过"。家长在孩子因不熟悉规则"犯了错"的时候态度要平静。帮助他解决因此带来的问题，这有助于建立孩子的自信。所谓自信，不是坚信自己永远正确，而是不怕犯错误。

有的家长觉得，漠视公共规则、在任何地方都如同置身于自家洗手间里的小孩才是保有天性自然活泼的小孩，这种家长是公害。

如何处理情绪失控的小孩

做父母最尴尬的就是面对涕泪横流、哭闹不休的小孩了吧。

要避免这种情形，需早做准备；一旦已处于混乱之中，需保持冷静。

防患于未然。

所谓"防患于未然"得利于合理的预期和安排。

对孩子的预期要根据孩子的现实情况，不做不切实际的预期。父母往往会有理想画面，认为孩子会"在自己掌握之中"。但实际上孩子只会遵从自己的天性，且天性各有各的不同。了解自己孩子的性格和能力，并据此来做合理的安排和引导。

举一个孩子的小例子。公公去看奥运会闭幕式，带回来一个小的火炬荧光棒。婆婆说：给孩子玩，但别让他玩坏了。这是有纪念意义的。

我说：如果你怕他玩坏了就别给他。

果不其然，儿子拿到火炬，立刻将其比作大刀四处挥舞，没有几分钟就砸到硬物，裂了。

如果孩子因此受到惩罚，我觉得他有点冤。

但类似事情屡见不鲜。

大人给孩子设立了规则，但规则超出了孩子的理解范围和能力范围，却又期望他们严格执行。后果可想而知。

灭火于微时。

一旦出现冲突，要把小火苗掐死在摇篮里，及时认可他的情绪是比较有效的方法。

帮助他梳理自己的情绪。

1."你不开心了是吗？"/"你觉得烦躁？"/"你很生气？"/"你觉得伤心？"……

2."发生了什么？"

3."你因为……所以……"

4."你想怎么办？"

5."你觉得这么这么办呢？"

顺序是：肯定他的情绪（而不是"你想干吗？""你是不是又……

了？"）→陈述事实（这是帮助他梳理情绪的重要步骤，关键点是只说事实，不做评价）→推导原因（让他知道我为什么会这样，把事实和情绪联系起来）→解决问题（有的时候不做反应也是一种解决方案，俗称：算了）→当孩子提出的方案明显不合适的时候，父母提出合理的孩子能接受的方案。

梳理情绪是孩子学习的重要过程。这些道理也许他在一次次碰得头破血流后也会自行领悟，但父母的帮助会让他少走许多弯路。

当他已经发作的时候，不要当场跟他理论或者教训乃至讽刺他。

这个我有如当头一棒的经验。

有次孩子把小车弄乱了，怎么摆都不满意，开始要冒火发脾气。我对他要求所有车按某个奇怪规律摆放觉得很无聊，又看他要发火也觉得心烦，就学着他要发火的样子取乐。

讽刺，当然这是典型的讽刺。

我能感到孩子深吸了一口气，然后说："妈妈，你越那样我越觉得生气！"

后来想想，可不是吗？

在孩子发作的时候，想想自己的举动是去控制局面呢，还是在火上浇油？

几个小技巧：

如何应对孩子情绪失控时说的恶言恶语呢？

1."我讨厌你！"/"我恨你！"/"我不要妈妈了！"

回答："我爱你。你哭得像小花猫，跳得像小豆包。即使这样妈妈也爱你。"

2. "你走!"

如果孩子比较大了，可以问他："你是想一个人清静一会儿吗？那妈妈就暂时离开，你有需要就叫我。"

如果觉得他自己待着可能会有问题："我不能走，我是妈妈，我必须保证你的安全。"

或者张开双手问他："想抱一下吗？"

事后可以告诉他，你那么说妈妈很伤心，伤心得都要哭了。以期让他慢慢学会体察他人情绪。

对于做错了的事，需要惩罚。但是，必须有两个原则：

1.对孩子的任何惩罚都不能是侮辱性的、伤害性的。

2.对孩子的任何惩罚必须针对事件，而非父母的情绪发泄。

分清是不是发泄情绪很简单，看你是不是针对这件事。你采取的行动，是为了解决这件事、控制这次局面，还是整个情绪就失控了，满心的愤怒委屈一涌而出。

最后还是我友kosm常说的那句：对孩子多点正面的鼓励和欣赏，永远不会错。

从 Time out（打住）说起

传统意义上的 Time out（打住）是孩子做错事父母采取惩罚的方法。把孩子从那个场景中拎出来，让他自己冷静下来。一般是按孩子的年龄来算时间的长短，1分钟/岁。

　　这是美式的说法。大概类似于我们的"站墙角"。

　　孩子情绪一时无法自控，暂时离开现场，离开情绪被推高的氛围，釜底抽薪，是不让事态继续恶化，逐渐回到正确轨道上来的好方法。

　　我的看法是 Time out（打住）不应作为一种处罚方式，而仅仅是作为让孩子平静下来的手段。

　　把愤怒的小孩拎到角落，或是另一个房间，期待他能自动反省，有时候确实奏效，但并不是解决问题的方式。长期如此，多半孩子再大点儿，甚至成年后在遇到激烈的冲突时会采取一走了之的办法，不肯面对。

　　在我的记忆中，孩子被这样 Time out（打住）后，并没有"认识到自己的错误"，而是因为害怕孤独，才蔫蔫地偃旗息鼓。后来为了被从轻发落，就勇于认错，可坚决不改。不改的原因，大概是从未真正认识到错。直到很久很久以后才领悟为何当年父母震怒。

　　小孩子在对情绪的直觉上比大人想象的要敏锐，然而在学习社会规则及理解他人时又比大人期待的要愚钝。

　　作为惩罚的 Time out（打住），蕴含的意义是：不服从规则，就会被冷落。

　　文艺作品中描绘出蹲墙角的小孩，被隔绝在生活之外，热闹是别人的，他什么都没有。彷徨，孤独。翻篇后妈妈张开温暖的怀抱，孩子扑过去，颇有弃暗投明之意。

　　妈妈的温柔、耐心、拥抱，是奖励吗？

　　我觉得不是。不是因为他乖，他肯认错，才对他温柔、耐心、拥抱，以资鼓励，以观后效。那是母子关系的本身，是生活的本身。

　　要求孩子所遵从的所谓规则，一定是符合常理，符合客观规律，能被孩子认识和理解的。认识和理解有过程，叫作规则的内化。过程中可能会有令孩子不愉快的情景发生。痛苦的体会告诉孩子：出问题了，需要调整，需要找到新的平衡。这是孩子进步的阶梯。孩子应承担的痛苦是成长痛，不是"你活该"的惩罚痛。

请拉着孩子的手走上阶梯。不要种下"你让我不痛快，我就让你不痛快"的种子。

最好的 Time out（打住）的场地不是墙角，而是妈妈的怀抱。

不止伤心的时候需要拥抱。

让他在一个温暖的怀抱中放松安静下来，再细细同孩子讨论为什么刚才会出现这种情形，从长远来看，这是最有效率的方式。Time out（打住）的目的是为沟通、引导和调整铺平道路，后者才是核心。

在让小孩 Time out（打住）的时候，先深吸一口气，冷静下自己。

曾不止一次被问道："对待孩子，你什么时候都能保持温柔耐心吗？"当然不。我曾经狼狈不堪地逃离现场，冲回卧室扑倒在床号啕大哭。

能做到的只是：尽量不在自己情绪失控的时候处理孩子的问题。

愤怒冲昏头脑的时候，做不出好决定。而一个坏决定，又会需要更多时间精力去弥补其带来的后果。

思维方式的改变在于不把自己当作"执法者"，永远正确，不容置疑。

这不是父母必须扮演的角色。

面对生活的狼烟，我们和孩子是一支队伍。一同接受不完美的自己和不完美的世界，一同面对错误、面对挫折，用即使笨拙但不放弃摸索真理的态度。

关于幼儿园之家长准备

在孩子上幼儿园之前，家长第一步须先进行心理建设。

问自己的一个问题就是：为什么要让孩子上幼儿园，你的期望是什么？

我一开始没有考虑过这个问题。就是觉得，他到岁数了。大多数孩子都是在两到三岁上的幼儿园，他有什么理由例外呢？

孩子的第一个幼儿园是小区里的，图个接送方便。传统园，也算一级一类。从第三天开始，每晚哭着不要去，情绪极为低落。而后生了一场大病。去了两个礼拜后退园了事。

也有很多人同我说：哭哭就好了，孩子都是这样过来的。某某某哭了半年呢，不也认头了，得让孩子适应环境。

我不能反驳他们，但总觉这样不对，或者说有更好的选择。

我想，送孩子上幼儿园，不是为了找个地方管束他，去磨平他的棱角的——日后，他有的是这样的"受教育"机会。

那么送他去幼儿园，是为了让他得到好的照顾吗？也不是。当然，在他尚不能完全生活自理的时候，有人能很好地照顾他，给他帮助，这很重要。但，这绝不是送他去幼儿园的目的。因为，无论是什么幼儿园的老师，都不可能像他的保姆阿姨那样一对一地精心照顾他。

是为了学东西吗？也不完全是。尤其在一些幼儿园以四岁能算20以内的加减法、五岁能读报纸作为噱头的时候，我是很不以为然的。那些，早会晚会真的不重要。（虽然我理解，这是有些家长的期望。）

但也的确是为了学东西。只是这种学习，和学校里的学习并不一样。不贵专，而贵广。不重智商，而重情商。

在家里，太精心的照顾，并不利于培养孩子的自理能力。在幼儿园，可以做到。

在家里，规则是潜移默化的，而且，由于种种原因，我们并不能保证我们做的是对的，或者是较好的。但在幼儿园，规则被细化了，明确了。这对于孩子培养良好习惯，处理问题和情绪，建立了一个标准，提供了一个模式。

在家里，环境单一，孩子接触到的东西有限。而在幼儿园，包括课程、社会实践活动，范围会广阔许多。我觉得对于孩子来说，眼界开阔，远比在某一方面深入钻研更有利于他的发展。

最后，重要的一点，是幼儿园提供了一个小小的社会。孩子们互相交往，建立友谊。也有冲突，他可以学习如何解决冲突。他会碰上喜欢他的人，不喜欢他的人；乐于分享的人，拒绝他的人；关心他的人，伤害他的人……这些对他的成长，都是不可或缺的。

第二步：在选择幼儿园的时候要认清楚，所选择的幼儿园，是否与自己内心对幼儿园的期许一致。

各类幼儿园各有自己的特色。

有些幼儿园是以"学习"为特色的，例如"金色摇篮"，主页上即宣称"以儿童潜能"开发为特色。那么，在这类幼儿园中，你可预期到的是，会有各类课程，孩子会掌握各种技能，相应地，有些孩子会感觉到"压力"，有些家长会觉得局限了孩子的独立思维能力和创造能力。

有些幼儿园是以"爱和自由"为特色的，例如"孙园""巴学园"。可以说，它们提供给孩子的是一个缩小版的真实世界。你可以预期到的是，孩子会得到较好的尊重，更多的自由，更多的交往经历，相应地，可能会产生幼小衔接的问题。另外，要知道，任何的自由都是相对的，有些家长觉得给孩子的自由不够，有些又觉得太多了。

这基本上是两个极端。你要知道，自己想要的是什么，是让孩子"不输在起跑线上"，还是"尽可能地给他个宽松的环境能到哪天到哪天"，须知甘蔗没有两头甜。

也有介于这两者之间的幼儿园，例如"小橡树"（更倾向于自由派），"博凯"（更倾向于学习派），基本上，看这个幼儿园的网站你可以判断它的特点。不过，可以肯定的是，每个幼儿园都有每个幼儿园的问题，问题有共性，也有"特色"。不要对任何一个幼儿园期望值过高，不会有任何一个幼儿园如它所宣传的那么好，不会有任何一个幼儿园能满足一个妈妈所有的要求。

第三步：要心中有数，孩子会在幼儿园经历什么。

1. 初上幼儿园的时候，孩子会容易生病。这很好理解。一是再贴心的幼儿园，也不能做到家庭看护似的细致入微；二是群体交叉感染；三是孩子的生活节奏的改变、心情的焦虑，都会在身体中表现出来。

2. 孩子融入幼儿园，需要时间。第一天高高兴兴入园的孩子，我见过很多，那是他对上幼儿园根本不了解。第三天醒过蒙来就开始哭啦。头一个星期从头到尾，哭得稀里哗啦的孩子，更多。因为对新环境的不适应。

3. 孩子在幼儿园中，会受到挫折，会觉得无助。这是他走向独立的一个过程。家长会觉得心疼，但这是必经之路。他也会受委屈，甚至被欺负，通常来自小朋友。

但是，凡事有个度。生病是正常的，如果反复地生病没完没了，就需要寻找原因。孩子一段时间不爱上幼儿园是正常的，如果总是不愿意去，甚至提起幼儿园就哭，晚上做噩梦，那绝对是不正常的。孩子在幼儿园里受点委屈是正常的，这也是孩子需要学习面对的一部分。如果屡屡被别的孩子伤害或是"控制"，那就必须干预。

选择了幼儿园后，家长能做些什么？

1.在课外弥补幼儿园的短处。幼儿园侧重教育，那么，在课余时间，多带孩子进行室外活动，给孩子宽松的环境；幼儿园本身的环境比较宽松，那么，在课余时间，多教孩子点应试知识，以拉平与大多数孩子的差距。

2.给孩子更多照顾，填补幼儿园管理不利的地方。例如，很多孩子去幼儿园生病的原因是水喝得不够多，"上火了"，那么，去接孩子的时候，给孩子带一瓶水。接送孩子的时候，注意一下，孩子的牙刷是不是该换了？被罩用不用洗？替换的衣服够不够？

3.发现幼儿园的不当之处，立刻进行沟通。特别是安全隐患。

4.与老师的有效沟通。入园的时候，可用书面的形式，简单地对孩子的生活习惯、性格特点进行介绍，让老师心中有数。特别是对表达能力尚弱的孩子，日常更是要加强沟通，汇报孩子的身体情况、情绪。也要了解孩子在幼儿园的情况。举个最简单的例子，如果孩子当日没有午睡，那么当晚就要安排孩子早些上床。

5.看看自己能为幼儿园做些什么。有些人会觉得，交了钱，其余就是幼儿园的责任了。但我们的目的是让孩子有更好的环境，得到更好的教育。而幼儿园有幼儿园的局限性，如果我们的举手之劳，能让孩子的环境有所提高，又何乐而不为呢？这包括但不限于，有特长的家长参与幼儿园的教学活动，有关系的家长为幼儿园联系更多的社会实践机会，给老师提些行之有效的小建议，等等。

关于幼儿园之交往问题

在孩子刚上幼儿园的时候，父母常会担心是否合群的问题。

每个孩子的性格都是不一样的。有些天性开朗，有些要慢热些。不要比较。想想我们小时候，是否最不愿意听到的就是："你看 XX 如何如何，你为什么不能如何如何。"

孩子从一个以他为中心的环境（家），转到一个有许多陌生人，自己只是小朋友中的一员的环境（幼儿园），在这两地中的行为规范有许多不同，势必有个适应的过程。

要给孩子适应的时间，以及多些帮助。

在这个过程中，有些是非常正常的，比如模仿期。儿子在幼儿园有个好朋友——ZZ。ZZ 刚来幼儿园的时候，很长时间都在模仿他，说话、做事情。两个人的交流并不多。慢慢地，模仿少了，交流多了。而且这种模仿也是双向的，我注意到儿子也有模仿 ZZ 的地方，但因为他比 ZZ 大，发育在前，所以要少一点儿。

对于两岁半到三岁之间的孩子，模仿是他们很重要的学习手段。但有些家长会期望孩子永远是"领导者"，我觉得将这种期望强加在孩子身上是野蛮的。

模仿其实是在主动地成长。

与同龄人交往，每个孩子开始的时间不一样，但这个阶段一定会到来。在他有这种需要之前，父母如果主观地判断"孩子害羞，胆小"，强迫孩子去交往，会给孩子造成伤害。在他有这种需要之后，父母应多创造条件。

这种情况的发生，多半在初上幼儿园的阶段。

一来是因为年龄阶段的重叠；二来是因为幼儿园提供了一个交往的环境。

我曾观察过一个叫作RF的孩子的这个过程。

他希望接近的这个群体，是儿子所在的包括XX、ZZ、DD、YX的小群体。但是，他和这个群体中大部分孩子的年龄有差距，其他人相差不到半岁，且当时都过了三岁半，而RF只有三岁。

不过RF属于早慧的孩子，在同月龄人中，表达能力较强，这让他有融入偏大孩子的可能。

最开始的时候，小群体对RF是排斥的。

遵从原始本能，RF采取了强挤的行动，语言表达不清，就用行动，遭到拒绝后，上手抓！

儿子的脸上被抓过几道，XX的脸也挂过彩，其他的孩子我不太清楚。

RF在这个过程生理可能没受过伤害，但心理伤害肯定是有。我目睹过几次他被简单粗暴地拒绝，或者被冷落，觉得心中不忍。

一方面，RF的心理被伤害；另一方面，别的孩子肉体被伤害。

老师采取了一些办法，教给RF如何融入团体。

短时间之后我看到了变化，RF学会用语言来表达自己，并且以退为进，例如，他很想和其他孩子分享东西，他会说：我看看可以吗？而不是之前的上手就抓。例如，当他很想和他们一起玩的时候，他会先要求，如果遭到了拒绝，就说：我站在边上看可以吗？

看着看着，小群体就接纳了他。

之前小群体不肯接纳他，一部分是因为他采取了强硬的姿态，令他人觉得是种"侵略"。后来，当他能平静地面对拒绝，以观察者的姿态进入的时候，他人就比较可以接受。他也从中了解了小群体的交往规则。

有个非常精辟的比喻，人与人的交往如同刺猬挤在一起取暖，近了扎，远了冷。这群小刺猬自己找到了合适的距离。

当孩子希望交流，但又不懂得如何融入集体时，家长需要引导。孩子的表现基本分两种情况：一种是躲在妈妈后面，或者要妈妈去问问别的孩子愿不愿意和他玩；一种是上前，用推搡的方式接触，或是抢玩具。

对于前一种，只能鼓励，千万不要指责。想想自己是不是很容易和陌生人打交道呢？试试在大街上向陌生人借张报纸看？鼓励孩子，如果对孩子太困难的话，可以带领他，蹲下来，示范。有过一两次成功的经验，也许孩子就愿意自己试试。

对于后一种，也是正常的。这是人的动物性的体现。小动物在一起，就用身体接触来交流。至于分享，是需要学习的技巧。要和孩子确认："我的"和"别人的"概念。尊重他的所有权，也树立"别人的东西，要经过别人的允许才能动""公共的东西，谁先拿到谁玩"等规则。

在他做出不恰当行为的时候，制止他，反复说：这样不行。

得明白，无论是鼓励，还是建立规则，都可能是长期的过程，需要不断地确认。不能指望毕其功于一役。

每个孩子都会有类似的过程，有的相对容易，有的可能更困难一些。

家长在这个过程中，难面对的是自己孩子被拒绝。

某人向我形容孩子初上幼儿园，捏着小毯子，一脸悲伤孤零零地坐在一边，看别的孩子玩得热闹——她为此哭了好几晚。

但孩子终归要走出这一步。越晚受到的伤害会越大。且家长并不可能越俎代庖。

这中间，如果家长过分焦虑的话，会影响孩子。

有种特别的情况，如果父母某一方把感情过分地投入孩子身上，当孩子要在心理上脱离父母的时候，父母会觉得受到伤害。

出于理智，手把孩子往外推；下意识地，心却把孩子往里拉。这时候孩子会困惑而纠结。

从自然的发展过程来说，孩子对父母的依赖是随着他的长大逐步减少的，从最初的百分百，到最后的个位数——应该永远不是零吧？

希望孩子更多依赖自己的父母，而我们做父母的实际上也是在依赖孩子。

父母应该鼓励孩子：因为长大了，所以要去开辟新天地。在孩子受到伤害的时候理解他、安慰他，如非必要不加干涉。

父母是孩子的灯塔、港湾，但不是他的船长。

介绍两套书，一套是"贝贝熊"系列，对孩子的行为规范有细致的解决方案；另一套是"我的感觉"，教孩子如何处理自己的情绪，对大人也有建设意义。

汉字、数字以及其他

我们生活在这个社会，总是难免会受到各种各样的压力。尤以升学压力为重。在我儿子刚上幼儿园的时候，就有人给我转发过某著名小学的入学考试题。虽然羞于启齿，但得坦白，我以硕士学历却未能答到满分。除去升学以外，旁人的眼光也会带来压力。年节走亲访友，总有人会问：哟，几岁啦？会数数吗？认识多少个字？来，背个诗听听。

也许就是因为大环境如此，有些家长为捍卫孩子"不学"的权利，将自己比作堂吉诃德。

对于学习的热衷与对于学习的反感，都来自同一种压力。这种压力是我们自身成长过程中所背负的，也是我们现在正面对的。

以各种手段让孩子学习的家长，不妨问问自己：这些安排，是缘于孩子成长的需要，还是缘于自己对未来的恐惧？

堂吉诃德们，也不妨问问自己：挥舞的利剑，是为了保护孩子，还是缘于自己内心对压力的反抗？

学与不学之间，其实并没有鸿沟。

如果仔细观察婴幼儿，你会发现他们无时无刻不在学习。学习，其实是保证人类能够繁衍下去的本能。是教育本身将学习变得狭隘。

无论是数字还是汉字，被创造出来无非是为了生活更便利、交流更通畅。对于学龄前的孩子，我以为，这个意义就足够了，他们尚不需要以此为谋生的技能。

儿子对于数字的学习，始于电梯中闪烁的楼层。令我大惑不解的是，彼时我们家住在10层，他最早认识的却是8。那时候他大概是一岁多点，人生的乐趣就是满世界寻找8：8层，8号楼，广告中电话号码中的8——有次发现某个电话号码是8×××8888，差点没把他乐疯了。

别的孩子方式会有不同，但或早或晚，他们会在世界中发现数字的踪迹，那些大人们习以为常、熟视无睹的东西，是他们的新大陆。

以字卡的形式来教孩子学习数字，实际上是剥夺了孩子发现的乐趣，尤其是所谓的寓教于乐，把"2"比作"鸭子"，对连真鸭子都没有见过的孩子，简直像个笑话。

汉字比数字更抽象。

世上先有了语言，再有了文字。而语言，总是和实物、和感觉、和事件相对应的。在概念尚没有建立起来的时候，去教文字，是为舍本逐末。

蒙特梭利中有一个原则叫作"实物教学"，其中注重的，即是孩子的直观感觉。从感觉上升到概念，由概念再对应到文字。

一个字是一个字，就像一朵玫瑰是一朵玫瑰。看到玫瑰，内心的喜悦来源于爱与被爱的幸福，至于玫瑰本身，连所罗门的荣耀都与它无关。当字仅仅是字的时候，它是割裂的、孤立的。对于识字的成人来说，可以试着看看非本专业的专业书——那上面几乎每一个字你都认识，但你完全不了解它在说什么。这就是将字和概念割裂的结果。

对于孩子来说，这种割裂最坏的影响是妨碍了他对感觉的感觉。儿童是奇妙的，他们浑身上下都长满了触手，有人把这叫作对外界环境的"海绵式吸收"。以成人的学习方式去教育孩子，斩断了孩子伸向世界的触手。孩子从自由成长，变成了被教育。

我揣测，在自由的环境中，孩子眼中的最初的字，大约来自父母手上的书。父母给他读书的时候，他体会到语言的书面形式。

儿子在一岁半多点的时候，喜欢一本叫作《床底下》的书，让我们给他读过很多很多遍，而后有一天，他自己拿着这本书，一字不落地讲了一遍。他认识的不是字，模仿的是大人读故事。

我曾经用字卡教过孩子。当时正值假期，我父母来探亲，发现自己三岁半的外孙子居然斗大的字认不了一箩筐！迫于此压力，我买了字卡，最初很顺利，一天认五个字都算少的，后来他就烦了，看到我拿出字卡就跑开。大约由于我本心对这种方式的不赞同，这让我也很烦躁，于是作罢。

后果呢，就是孩子学龄前认识多少字我不能掌握。

他所认识的字，都是和身边的事情相关的。例如"然"这个字，对他的意思，就是一个叫"石湛然"小朋友的"然"，石也是"石湛然"的"石"，那个名字贴在放水杯的架子上。当然，后来他又发现加油站的牌子"中石化"也是这个"石"，他不知道那是"石油"的缩写。我告诉他"石头"的"石"也是这个"石"，他表示理解。但"石湛然"的"湛"，始终只是"石湛然"的"湛"，也许有一天秋高气爽万里无云，如果我能想起来的话会告诉他，这叫"湛蓝湛蓝"的天，"石湛然"的"湛"。

有质量的陪伴之谈谈交往

谈到孩子的交往，常会自然地认为是孩子和孩子之间的事情，发生在幼儿园或者学校，考虑的是孩子有没有朋友，会不会与别人相处。

孩子最初的交往，其实是与父母。孩子与他人的交往模式，即使在成年以后，也会深深地受到与父母之间交往模式的影响。如果与父母的相处中建立了错误的认知模式、思维方式，日后的修正会非常漫长而痛苦。

故此，在孩子与父母相处时，要致力于给孩子建立合理的认知，有逻辑的思维，从而接纳自己、理解他人，获得稳定的情绪，以及追求理想的力量。

我和你不一样，这与爱无关

我与小儿的第一次冲突发生在一个夏天的傍晚。

应该是他三四岁，刚上幼儿园没有多久。我去接他，路上买了一袋棒棒糖。他吃了一根，要给我一根。

我说谢谢我不想吃。他非常执着地要给，甚至把自己的那根从嘴巴里拿出来往我的嘴巴里面塞。

我不同意，他就哭了。说服，拥抱，都没有立刻起效。他哭，我坐在马路牙子上，环抱着他。大夏天的，他哭了一头的汗。吸引了数个老太太。得知了原委后，老太太纷纷指责我：这个妈妈，孩子一片孝心！让你吃你就吃呗！

可是，我不想吃。即使是妈妈，也可以有自己的意愿，自己的主张。

更重要的是，我已经拒绝了，他已经哭了。哭，不能作为武器。

他哭了大概二十分钟，这二十分钟是我人生中比较漫长难挨的，主要压力来自周遭老太太们鄙视指责的目光。

类似的事件发生过不止一次，很多次。不知道从什么时候开始，他终于明白，他有他的想法，我有我的想法，我们想法不同，这和爱无关。我不同意他的做法，但依然爱他。

树立"每个人的想法不一样，这与爱无关"的概念是孩子情绪稳定的核心。即使对于成人来说，生活中也有很多的困扰来自"我和别人不一样"或者"别人和我不一样"。当自己和别人不一样的时候，尤其是与自己生活中的重要人物观点不同时，会惴惴不安，怕因此失去认同，不被喜爱。如果为了求得一样，而委曲求全，压抑自己的本心，结果必然是南辕北辙，越想得到越快失去。如果因为别人和我不一样而把自己的观点强加于人，或者排斥他人，结果必然是孤立了自己。

幼儿以自我为中心，这和大脑的发育有关（如有兴趣了解，可以参见皮亚杰的三山试验）。要让他们体察别人的感觉，从他人的角度去考虑问题，需要循序渐进地引导。

简单易行的办法，就是父母自然地做自己，正视矛盾，不一味地迁就孩子。

正视矛盾

讲到矛盾，贴一个很久前的博客。

朋友之间

回家路上在出租车后座聊天，聊到班上的小朋友。

儿子说：在班上DD是我最好的朋友。

我说：是吗？

儿子小声说：但是我有的时候也不想和他在一起玩。

我说：喔，那很正常。

儿子不说话。

我说：有的时候，你不也生妈妈的气，不想理我吗？

儿子说：程度要轻很多。

他抱住我的胳膊：妈妈，你是我最好的朋友。

最好的朋友昨天闹矛盾了。

写钢琴作业。儿子左摸摸右摸摸的不专心。我非常严厉地指出：要集中注意力！

后来，他哭了。

他说：妈妈，你这样让我很麻烦！

他想表达的意思大概是我给了他很大的压力。

后来洗脚的时候他说要给我找麻烦，我说生孩子是最大的麻烦，所以，妈妈从来不会怕麻烦。

为了表示我的诚意，我当小马背着他从浴室到床前。

矛盾不过夜，这是我家的规矩。

所以我坦白告诉他：妈妈的严厉是因为希望你专心做，但可能这种方法不好。让妈妈想想用什么方法能更好地帮助你。你也想想好不好。

他说：好。

怎么正视矛盾，孩子也需要学习。不愉快的事情总会发生，发生不愉快的事天也不会塌下来。如果事情没按照自己所想的发展，就感到恐惧，不知所措，用沉默哭泣来回避问题或者发脾气来掩盖问题，只能使事情更加恶化。

要形成正面思考的习惯，有问题，就解决问题。

负面或不真实的评价

遇到别人的负面或者不真实的评价怎么办？

去年的某一天，儿子和同学玩，一个同学说：你没有我跑得快！儿子一直以自己跑得快自豪，就答：我们比一比！比赛的结果是儿子快，然而那个同学不承认，还是坚持说：你没有我跑得快！他一直在儿子的耳边笑着说：你没有我跑得快！

后来，儿子就崩溃了，哭了。

他扑到我怀里，我同他讲：是的，我看到了。儿子哭着说：可是，他不承认！我说：对，他不承认，他掩耳盗铃。

儿子伤心地哭了一场，他从未经历过这样的事。转机在第二天出现，班级体育课200米测验，儿子跑了第三名，那个孩子在二十名开外。

事实就是事实，再否认，总有一天会水落石出。

一个人在一生中，总会被人有意无意地误解，不同的问题有不同的解决办法，不变的应是坦然的态度。任何的评价都不会改变事情的本质，评价只会通过自己对评价的反应来影响到自己的情绪，这完全是自己可以控制和改变的。

儿子很幸运，转天就有机会证明自己，这也是为什么我把这个作为例子的原因。之后他也遇到过不能证明的情况，大多一笑了之了，因为第一次的记忆非常深刻。即使是在第二天比赛结束后，那个小孩也没承认儿子比他跑得快，只是不再说他比儿子跑得快。儿子也不需要他的承认了。

一个人如何正确地评价自己，是个综合的能力。父母对他的影响是巨大的，特别是在青春期之前，父母的话在孩子的心里占有绝对的影响力。这里要重提"无条件的爱"，它是一切的基础。其次是培养孩子的自信，自信总是建立在自己做得到的基础上，事实比所有的言语都有力量。再次是技术上的，判断力，如何理解别人的话，比如说那个小孩非要说他比儿子跑得快，儿子问我为什么，我说一个是他希望比你快，但是谎言重复一百遍也不是真理；一个是你的反应让他觉得好玩，这是人恶的一面，你认真你就上了他的当。你了解了他这么说的原因和用意，他的话就没那么可怕了。

环境总会对人有影响，但人反过来也能影响环境。会遇到什么样的人，遇到什么样的事，很多是个人无法左右的，靠运气，但无论什么时候，不能放弃，总有选择，要尽可能地把事情往好的方面引导，把别人对自己的伤害降到最低。自己的根扎得深，就不容易被风暴吹倒。父母对孩子所做的，就是帮助他把根扎得深点更深点。

爱出于自然，是责任不是牺牲

一个人是否受欢迎，受到很多因素的影响。在不同的时期，不同的人群中，受欢迎的类型也不相同。对于孩子来说，越早明白自己人生的目的不是讨所有人喜欢越能轻松自在地做自己。会刻意讨好别人的孩子，往往是在家里被父母威胁"你不怎么怎么样我就不喜欢你了"的孩子。

父母爱孩子应是天性，教导孩子的行为不应与爱相联系。

另有一些父母习惯用牺牲来感动孩子，伟大得找不到自己。这也不是正常的状态，会给孩子形成巨大的压力以及错误的观念，认为表现爱就需要牺牲自己。或者另一个极端，认为自己所有的需求都必须被满足，体察不到别人的难处。

孩子出生后在一段时期内会成为家庭的重心，这是因为他年龄小，需要更多关注照顾。随着孩子的成长，要逐渐让他成为家庭的一分子，结构逐渐过渡到平衡状态。

这里举个睡觉的例子。

儿子在六岁后有了单独的房间，原则上自己独自睡觉，已经两年了，他有的时候还会说：啊，好希望妈妈和我一起睡啊！

2011 年 9 月 8 日的微博记录：在独睡了一年之后，儿子最近晚上醒来后要叫妈妈陪睡。我不胜其扰，问他：为什么呢？你就不能自己接着睡？他答：自己睡要好久才能睡着，在妈妈身边一下子就能睡着。我叹口气：这是为什么呢？他真诚地说：妈妈，这就是奇迹啊。

再真诚动人，我也得慢慢地要求他：在夜里醒来后学会自己入睡。一方面，养成好的睡眠习惯对孩子很重要；另一方面，我自己睡眠很轻，和孩子一起睡对我的睡眠影响很大。

只有在一种情况我一定陪睡：他生病的时候。

两个人的相处，彼此的需要未必能完全满足，契合得天衣无缝是幻想而已。一段关系要持久发展，必然要平衡双方的需要。

谁都有需要别人帮一把的时候，但大多数时候，人要靠自己。再次强调，孩子的自信心也正建立在自己做得到的基础上。在孩子成长的过程中，家长应把责任逐渐地交给孩子。并不是做得越多、管得越多、牺牲得越多就越爱，爱是让他成为他自己。

与此同时，随着孩子的长大，父母在需要的时候也可以寻求孩子的帮助，但内容不应超过孩子的承受能力。在伤心难过的时候请他给自己一个拥抱，在病床上请他为自己倒杯水。大一点的孩子也可与他讨论遇到的难题，记住控制范围。

一点感触

写到这里我想起儿子在幼儿园时发生的一件事。忘记孩子因为什么在哭，我抱着他，这时候他的一位好朋友坐到我身边，安静地坐着。我问她有什么事吗？她说：我只是，想在这里陪陪他。

人与人之间，可以那么美好。

一段良好的关系中，双方都能自由自在地做自己，容纳对方的不同，又有共识与分享，必要的时候相互支持。孩子在与父母的相处之中如果能体会到这些，会为他与其他人交往打下坚实的基础。

关于交往之谈谈爱

常有朋友同我倾诉孩子被小朋友拒绝，伤心欲绝。我爱他，他不爱我。交往的烦恼大抵如此。

自己心爱的孩子，刚刚开始学习交往，遇到喜欢的人却不被接受。家长的感受用震惊来形容都不为过。

他那么好，怎么会有人不喜欢他？

当年和园心谈起这个话题的时候，我用了英文"You are special because of love"，用英文可能是这句结论来自非中文的思维方式。

虽然翻译体现在已经成为一种看着碍眼但处处可见的句式，但我仍然觉得讲"你特别是因为爱"不能完全表达其中的含义。

句中是"你"，说的是"他"。

做父母的很难接受有人不喜欢自己的孩子，更甚于孩子本身被拒绝的痛苦。所有的孩子都会遭遇这种情况，就像我们自己曾经经历过的一样，没有哪个人一生中不曾被拒绝被伤害过。我们的孩子也并不因为有我们的爱而例外。在父母的心中，他是珍宝，但是在其他人的眼中，他只是他。

如何处理这种情况，我觉得应把自身的情绪放在自己的房间，告诉孩子：这很正常。如果你想赢得别人的爱，请表现出你最好的一面。

赢得别人的爱，并不是靠表达自己的爱。我爱你，我想和你在一起，我要和你在一起，这些都是透过爱别人的表象在满足自己的需要。

父母希望孩子爱的人爱他，也是要满足孩子的情感需要。这与孩子抢玩具的性质类似。不过后者因为更易辨别所以是不太容易犯的错。

说到爱这个话题，初始就给孩子树立一个正确的观点非常重要。

爱的真谛在于两情相悦。所谓两情相悦，是双方相互欣赏。

从事情的另一面来说，一方用爱的行为去打动另一方，如果不能过渡到双方相互欣赏，而将关系仅仅建立在"他对我好"的基础上，这种感情也会有隐患。

我自己的孩子在幼儿园时期就有过这类教训。开始的时候被小朋友热切地爱着、迁就着。他很享受，慢慢就有点颐指气使，左右小朋友说什么，甚至做什么。

小朋友的妈妈给我打电话：孩子在家里发脾气，问为什么他不能像我对他那样对我？

故事的结局是某天这个小朋友用玩具把儿子的头敲出了一个包。被忽视的、被压抑的，终究会爆发。

所以当孩子是被动的那方，需要告诉他：不要只看他对你的好，要去真正了解他。有风也不能驶尽舵，如无法回报，就谨慎接受。

你不是认真的

本来想把题目取为"为什么孩子不听你的"，仔细想想这个话题太大，今日所写只是一类原因。

假期里看到两个熊孩子。

一个大概两三岁，在电梯里蹦。1层到7层之间，母亲的制止从细声细语到声色俱厉，然而并没有用，到了7层，拎下去了。

另一个也差不多三岁，在超市外面哭。原因是超市的红色儿童小推车被另一个小孩先一步推走，余下黄色的他不喜欢。母亲一直在劝导，说黄色的也不错，说人家先来的你必须等待，说你不能这么不讲理……然而并没有用，熊孩子大声哭足十五分钟，直到红色小推车被还回来，众人的耳朵方得解救。

从表面上来看，熊孩子的母亲并不熊，都在努力制止熊孩子，然而并没有用。

为什么呢？因为她们只是规劝，并没有采取措施。

电梯里蹦的孩子，抱起来；超市里哭的，带出去。

这两个行为都是破坏环境的行为，必须打断，以有效的措施告诉他们：这样不行。光说不练的话，在电梯里蹦的孩子，下次还会蹦，反正母亲只是说说而已，蹦得快活的孩子耳朵都是关上的；在超市里哭的孩子，下次还会以哭来解决问题，左右一直哭一直哭，目的就达到了。

母亲的规劝，只会被当作唠叨而已——反正你也不是认真的。

儿子小时候唯一一次在公众场所哭闹，是在出租车上。

我说，你不开心可以哭，但不能在公众场所扰民，尤其出租车，密闭空间，司机没义务忍耐你。

当时我给他两个选择：现在停止哭，好好说话，有需求咱们可以讨论；下车哭个够，咱们哭着走回家。

他没停止。我当即结账下车。

他站在街边又哭了不到半分钟就收声了。走了不到五百米，他说：妈妈，我不哭了，咱们还是打车回去吧。

他知道我是认真的。

冬天车不好打，那时也没有打车软件，我们在寒风中等了好久，真是难忘的人生体验。

当然孩子会不停试探父母的底线，这是他们探索与世界相处方式的必然途径。对于父母来说，自己要有底线，每一次发生冲突，请坚持原则，不行就是不行。这样，当你说不行的时候，他才知道是真的不行。

否则，当父母说不行的时候，他会自动翻译成：又来了又来了，烦死人的叨叨叨。

　　然后模式慢慢固定，父母苦口婆心，孩子置若罔闻。

　　言语上规劝，行动中纵容，"通情达理"的父母养出肆意妄为的熊孩子，不是意料之中的事吗？

第二章

CHAPTER 2

小学 · 理论与实践

从爱和自由谈谈理论，谈谈选择

谈教育理论的尴尬在于，即使是认可同一理论的父母，解读也未必完全相同，更勿论操作。只能自言自语，说说个人的理解。

"爱和自由"，爱，我理解是父母对孩子无条件地接受，爱他，因为他是他。爱绝不意味着无条件地满足。自由，是给予他空间自由地发展，最终令他拥有思想上的自由。自由与行为上的规范并行不悖。

《爱和自由》作为一本书，曾放在我案头多日。事实上我陆陆续续买过几十本教育相关书籍，目前它们占据书架的最高处，傲视群雄。不过如果要给新妈妈推荐几本书，一本我会选《育儿百科》，作者松田道雄。另一本会选《少有人走的路》，作者 M. 斯科特·派克。

这两本书都不属于教育理论，唯一的共同之处在于作者都是医生。前一本极实用，育儿操作指南，一本在手，万事不慌。后一本其实是教育父母的。

因为这些年我发现，怎么样教育子女，其核心在于父母是个什么样的人。

至少在孩子青春期之前，父母大体可以决定孩子生活的方向。极左，有一年带着孩子参加30场学科竞赛的；极右，有辞工退学到山清水秀之处合作社养娃的。孩子出生于什么样的家庭，就有什么样的生活，他没得选。

理论一毛钱一打，父母的任何行为都能找到理论支持。通常是早有了心中的钩子，才挂上某理论的外衣。危险在于网络的发达易于同类的人聚集，圈子里都是秉承同样信念的人，相互肯定鼓励，以为那就是人生的唯一正确选择，甚至是唯一可能选择。

多看看与自己选择不同的人。即使不认同，如果能理解，对自己也是种丰富。

讲到自己的选择，我个人受平井信义的影响最大，希望孩子成为有幽默感、有自觉性、有体谅之心的人，致力于培养他作为普通人的基本技能和良好心态。

恰当与否，需要等孩子长大后他来评价。人生就是这样，一次只有一种不可逆的选择。如履薄冰，战战兢兢，也得往前走。

情绪管理与行为指导

家长希望孩子永远保持乐观开朗、积极向上，不会烦躁、不安、忧伤、愤怒，是必定会失望的。

因为，这不科学。

父母往往会指责孩子"气性大"。这越发导致孩子认为负面情绪本身是"错误"的。可是没有人能与自然规律抗衡，情绪始终会自然地产生。面对汹涌而来的情绪孩子手足无措，做困兽之斗，年龄越大，越不被理解和认可。

如果父母把负面情绪视为禁忌，采取躲避、否定、压抑的做法，一味地用规则来控制孩子的行为，"不要给父母惹麻烦！"——这是做了鸵鸟，求表面的和平，对地下的火山视而不见。即使孩子一时屈服于压力，顺从了规则，也只是偏安一隅。

请与孩子交谈。交谈的概念不是一味地去灌输父母"希望他怎么做"——那是"训诫"。交谈的目的是要理解孩子"为什么会这么做"。与他一起寻找那些让他不适的感觉到底是什么。不仅仅同快乐、幸福的感觉做朋友，也同恐惧、愤怒、忧伤做朋友。坦然地接受负面情绪，它们的出现是提醒：有地方出问题了，需要进行调整和适应。

接纳自我情绪是一种能力，这种能力的培养源于父母对孩子情绪的理解。所谓有质量的陪伴并不单指与孩子共度欢乐时光，其中情感的祸福同享、患难与共也非常重要。父母的理解令孩子感觉"我并非孤军奋战"，会增强他的自信。在这个过程中，他学会在内心与情绪和平共处，也学会如何向外界表达自己的情绪。同时，也因为体验了"共情"而更易培养出"体谅之心"。

从孩子的行为出发，去探寻其后的情绪。在情绪被接纳之后，需要回到行为上来。规则在此建立。所谓"温柔而坚定"的法则，温柔落在接纳情绪之上，"坚定"落在建立规则之上。

情绪被充分理解的孩子，规则会带来安全感。有些家长觉得"立规矩"会令孩子与自己疏远，这种误解是因为既没能接纳孩子的情绪，也没能将自身的情绪与行为相互协调。

随着孩子的长大，面对的困难更多更复杂，行为指导就不是规则可以完全涵盖的了。家长需要教给他"方法"。这个过程会有更多互动，家长也能从孩子身上学习很多。

需要避免的情况：

1. 只针对行为

没耐心探求孩子情绪的家长把规则作为唯一的操作指南，在孩子违反规则的时候按章办事，令行禁止。然而人非草木，更非程序，情绪得不到疏解便会被压抑，如同地底洪流，也许可隐藏一时，终究会破土而出。（projecting）

2. 止步于情绪的安抚

善感的家长敏锐地体察到孩子的情绪，甚至会添加自己的想象将其放大，一时间的共情令彼此的情感需要得到满足。然而如不能进一步过渡到行为的指导，安抚会变成放纵。长此以往，孩子易将情绪作为要挟的手段。（passive aggressive）

举个例子：

对于有学龄儿童的家庭来说，父母与孩子最易发生冲突的是作业时间。尤其是遇到不懂不会的题，孩子心生畏难情绪，烦躁，拖延。此时如果家长横加指责，如"你怎么这么笨哪""上课到底听了没有""你就是没有耐心""根本不爱学习"，那么，冲突会升级：孩子或默不作声，或大发脾气，破罐破摔；家长或将其归咎于孩子的性格缺陷，或转而埋怨其他抚养人"惯坏了小孩"。

换一种方式呢？

"想快点做完作业好好地玩，可偏偏遇到硬骨头，真着急啊！"

"可是着急也解决不了问题啊。"

"有不会做的题是提示我们没有理解要学的内容。"

"翻到前面看看书上怎么说，笔记里有什么能用得上的。"

不评判孩子情绪的优劣（着急就是没有耐心的表现吗），不将惩罚作为唯一解决问题的手段（宣布不做完作业就别想看电视），对孩子的情绪表示理解并将注意力转到情绪产生的根源，教给孩子有效的学习方法（带着他去找答案而不是把答案告诉他）。

面对孩子的问题，家长不必总是一本正经。

在我家时常出现这样的对话："妈妈这题我不会做！""喔，那就用你聪明的大脑想一想吧。"过了一会儿，"妈妈我还是想不出！""啊，那就用屁股再想一想！"——有些难题他是用胳膊肘想出来的。

顺便说一句，孩子在想问题的时候往往容易望着天空想，很快就成了做白日梦。给他准备一个草稿本，教他把所想的解题思路都写下来，对或者不对，都是有效的尝试。随着课程的加深会更需要一步步探索答案。养成这样的习惯终身受益。

孩子的相当一部分负面情绪源于对未知世界的恐惧，且他们缺乏把握事态的能力。对此家长和孩子有视野差。家长习以为常的事情，对于孩子来说是一片空白甚或加诸恐怖的想象。尽量详细地帮助孩子了解需要面对的状况有助于孩子控制自己的情绪。长久以来建立的孩子对家长的信任对此亦有帮助。

另外，疲劳、病痛、饥饿等身体不适会降低孩子的忍耐力。

培养孩子的自觉性和自信心之理论

如果拿纸和笔记下来每天催促孩子做事及纠正孩子行为的话，你会有几句呢？

可能会多到让自己惊讶吧。

最苛刻的上司，也不如对孩子严格管教的父母那么紧迫盯人。

去年，我带孩子回了一次娘家。之后父亲来电话嘱咐："不要对孩子那么紧张，小孩需要自己的空间！"真的很紧张吗？我还以为自己是个很宽松的妈妈呢。

但是要做到不插手帮忙，不开口指责还真难。

看着他晃晃悠悠地一会儿玩玩具，一会儿看小说，就是不开始做作业！真恨不得变成机器怪手，揪住他的后领子把他拎到书桌前。一晚上就那么多时间，拖拖拉拉地就会完不成作业，或者晚睡。完不成作业就会影响学习成绩，晚睡有碍健康，也会导致明天起不来床……

看，后果多么严重！

真的那么严重吗？我们就因为怕这么严重的后果发生，所以一天天地督促他，安排他的每一分钟，让他能够完美地完成作业，恰到好处地依照时间表生活。"他的心里没有数啊！我如果不盯着他，他不知道会把事情搞成什么样。"不止一个父母对我这么说过。

可是，他为什么会有"数"呢？计划书在父母那里不是吗？而且，有人天生就知道自己该做什么吗？虽然孩子是在学习中学会学习，在生活中学会生活，但父母不应该只是教练员吗？现在教练抱着运动员参加比赛，等到抱不动的那一天，再埋怨运动员不肯努力，孩子们还真是冤枉呢。

更何况一直被父母指派的孩子，在青春期后会"觉醒"：强加于我的，绝不是我要的生活。尽管父母再三说"这是为了你好"，孩子却难以被说服。反叛，从另一面证实：每个孩子都有自主性。

不如早早地让他自主。

自主的孩子用自己的眼睛观察世界。或早或晚的，他们会明白：有些事情是必须做的，不那么做会出问题，带来更大的麻烦……知道自己在什么时候要做什么，这种能力的培养远比完美地完成每次作业重要得多。

在跌跌撞撞中摸索做事的经验，终于有"我真棒"的成功体验。由此建立他强大的自信，由一件事到生活的方方面面。

所谓自觉性，绝不是一板一眼地按照别人制订的计划书去行动，那叫服从。自觉性要建立在自主，建立在独立思考的基础上。自信则是不怕犯错。连犯错的机会都不肯给孩子，思考的空间也没留给孩子的父母，怎么能期望孩子自觉自信呢？

健康的亲子关系是相互信任的。孩子天生信任家长，家长却很难信任孩子。因为太爱了，反而不敢信任，真是荒诞啊。

孩子的道路要靠他们自己开拓出来。他们将成为什么样的人，经历什么样的事，父母无论如何也不可能预想到。然而，陪着他慢慢长大，看不同于自己的画卷慢慢展开，也是为人父母的幸福吧！

培养孩子的自觉性和自信心之实践

1. 家长应有的意识

（1）孩子的天性是松散和慢吞吞的

家长往往希望孩子在处理内务的时候像个大人一样，快且细致。实际上，即使是大人能做到的也不多吧。越小的孩子，越容易磨磨蹭蹭，东拉西扯，他们从中得到零散的不为大人所理解的乐趣。所以，要让孩子自己处理内务，就必须空出比较多的富余时间。不必担心他们会养成磨蹭的习惯，随着时间的推移，他们会慢慢变得像大人一样无趣，一件事情成了一件事情，不再是游戏。五岁的孩子刷牙要十分钟，到了十岁，三分钟就可以了。

（2）发展的规律是波浪形的

老话说：猫三天，狗三天。妈妈们都有类似的体会，有一段时间孩子各方面都特别顺利，亲子关系如同蜜月。不知不觉，他又变成了大噩梦，令人崩溃。总在还没崩溃时，他如同悬崖勒马，转眼成天使。这种反反复复，再正常不过。在教育孩子方面，没有什么毕其功于一役之说。即使他以前做得很好的事情，也可能突然出状况。妈妈要处变不惊，蜜月期享受轻松愉快的亲子关系，反复期打起精神应对各种突发状况，温柔而坚定地加固规则。

2. 具体做法

(1) 如何让孩子心中有数

要做到心中有数，至少有两个基础。一是了解自己要做什么事情；二是了解这些事情需要花费多少时间精力。

第一点比较容易做到，第二点需要家长的悉心培养。

但即使是比较容易做到的第一点，家长也不能指望孩子自然有意识。在孩子从学校回到家中之后，先问问："今天要做什么事情？有什么需要家长帮忙的吗？"

第二点则需要更早地树立时间观念。有很多大人也不能够准确地估算。从四五岁开始，有意识地让孩子每完成一件事情看看钟表，把时间和要做的事情建立联系。上了小学之后，就可以时常问问他的安排："有这么多事要做，什么时间做什么呢？"让孩子自己做主，并不意味着家长不闻不问，相反，在开始的时候，家长会付出更多精力和耐心。最大的困难在于忍住发号施令的嘴巴和相对于孩子来说快速灵巧的双手。

(2) 规则基于价值观

家长对孩子管教的另一大部分是规则。反复强调并勒令孩子无条件遵守细碎的规则容易让家长发火，孩子逆反。规则的源头是价值观，而价值观的建立是无形的，是孩子看着大人的行为学会的。往往孩子不能遵守的，是那些和家长平日建立的价值观相悖的规则。特别是要求孩子遵守而大人"因为我是大人就不必那么做"的规则。举例来说，如果家长每晚都以看电视打游戏为主要娱乐，那要求孩子专心读书几乎是不可能的任务。除非到了青春期，孩子会因为"我不要成为和父母一样的人"而与环境做斗争。

3. 另两个重要基础

（1）规律的生活

在孩子小的时候，规律的生活有助于建立稳定的生物钟，不易病。孩子长大，也要尽量保持规律的生活，不易躁。所谓安全感，也建立在"知道什么时候会发生什么事情"。重复才能树立概念：这件事的要求是什么，怎么能达到要求。大多数孩子会百般尝试，也许其中有几次惨败而归，最终选定自己的应对方式。家长不应随意地给孩子指派工作。常见的现象是：既然你今天很快把作业做完了，那就再做张卷子吧！这种随意加码后患无穷。

（2）愉快的气氛

大部分孩子都有滑稽、爱开玩笑的天性。在不伤害自己和他人的情况下，宽容孩子的淘气。如果家长过于看重自己的尊严，总是一本正经，孩子大概也会成长为无聊的人吧。在孩子开玩笑的时候，家长只需稍稍提点尺度和场合问题。一味制止孩子的"淘气"，在压力之下，情绪会以意想不到的方式释放出来。要有一定的时间和孩子一起玩耍——不带任何教育意味和功利心的完全放松的玩乐时间。家长笑口常开，孩子才能轻松愉快。如果孩子总在和自己的天性对抗，和父母的管教对抗，怎么能有精力去建设呢？

挫折教育

有一阵子偶然和几位家长讨论起"打"孩子的问题。有家长说：实在是气得不行了啊！又说：打两下他就晓得事态严重了，就停止"胡闹"了。还有：孩子将来也会遇到对他不好的人，挨打也是挫折教育嘛，要不然，他什么都顺利，遇到恶言恶语的人，不就傻掉了？说到孩子的反应：孩子事后也说，打得对，爸爸妈妈打我是为了我好。

现实生活中，说到这个地步我就没什么可说的了，只好笑笑。这位家长并不是一味用武力的家长，真心爱孩子，所谓打孩子也只是在肉厚的屁股上来几巴掌，远不到虐待的地步。

可是，真的只能这样做吗？

被孩子气得不行的家长会动手，若是在外面被五大三粗蛮不讲理的人气到，会动手吗？如果不会，算不算恃强凌弱呢？

为什么只有到了动手的地步，孩子才晓得停止呢？是真的觉得自己错了，还是屈服于强权呢？

挫折教育一说，是把家长对孩子的侮辱伤害当作疫苗了吗？

孩子对家长做法的认同，初始是不是家长为了平复自己的内疚之情，要求的反应呢？慢慢地真心地认同了，孩子会把这种做法传承下去吗？

与另一位家长谈到辅导孩子做作业的事情时，家长说常会指责孩子"笨"，孩子本人对此都无所谓了。这种做法也被列到"挫折教育"之中。作为有强大自我辩护能力的成年人，还是会给自己的行为找到合理的依据呢。可以预想，日后他还会指责孩子"不上进""没有自尊心"。

人的一生难免会遇到挫折，有些家长会成为孩子一生的荆棘。看过"父母皆祸害"豆瓣小组发言的人，会了解，家长对孩子的恶言拳脚，绝不会成为孩子日后抵御挫折的储备力量，它只会在孩子的心中形成黑洞。很小的时候孩子不会怀疑父母的爱，会错以为爱就是如此，等到青春期有怀疑的力量之后，就将是崩溃似的坍塌。

抵抗挫折的力量，不是靠"习惯"。习惯了不被尊重比遇到挫折更可悲。

所谓挫折教育，不应该是人为地给孩子制造"挫折"，而应在孩子遇到挫折的时候不指责，告诉他怎么应对才是。

"求而不得""不得不做的事""考到很差的成绩""被同学欺负""被老师误会或不公正地对待"……几乎是每个孩子成长中必然会遇到的挫折。生活本身已够残酷，家长不必以教育之名再添砖加瓦了。

关于考试这件事

某一个6月，我在微博记录了我和孩子第一次讨论考试这件事：吃早饭的时候儿子皱着眉头说："唉，又是星期四，我们星期四基本都有语文考试。"我说："当学生考试就是生活的一部分，就跟拉屎一样，吃了就得拉，学了就得考。"他走了以后，我琢磨："这么教育小孩，是不是太简单粗暴了……"

这一年来我一直也想这个问题，怎么看待考试？怎么看待成绩？

考试的目的

考试的目的是凸显不足。在每次考试之后，关注应放到错题上。寻找错误的原因，分析孩子的薄弱环节。

任何一科的学习，都可拆为模块及知识点。对于知识点的错误，后续为拾遗补阙。也有可能某一整体模块为孩子的弱项，就需要系统地加强。

家长分析考卷为孩子制订下一步的学习计划，过程需要和孩子讨论。会寻找自己的不足也是一种能力，知道如何补足更是可贵。这两种能力的培养的重要性远远超过任何一次考试。从这个角度来说，初期考试成绩不够好的孩子倒是失之东隅，收之桑榆。

成绩的用处

成绩的用处是明确定位，成绩是用来和其他人比较。一次考试中，了解自己的成绩在整体中所处的位置，帮助孩子明确自己的定位。

学校的成绩通常没有立竿见影的结果，但是在教育机构的考试中，成绩直接决定孩子可获得的资源，成绩越好，选择越多。每一年会根据考试成绩分班，有上有下。从某种角度来说有点残酷，然而玉不琢不成器，不要怕孩子遭到打击、经历磨难，因为心智会因此强大。

我反对在家庭中对成绩进行惩罚式的管理。可以奖，不要惩。父母唯成绩论极易引起孩子的对立情绪。重申一次：父母在孩子的教育中，永远应以帮助者的姿态出现。面对生活的狼烟，父母是孩子的战友、援军。

技术性的细节

1. 草稿本和错题库

好记性不如烂笔头。孩子们普遍在思考中两眼望天，备一个草稿本，随时记下思路。即使错误，任何尝试也都是有价值的。

小考后建立错题库，大考前的复习才有的放矢。从普遍撒网到重点钓鱼，是学习应循的过程。没必要次次都从头再来，人生苦短，效率至上。

2. 没有条件要创造条件

对于孩子来说，最利于发展能力的环境是处于整体的中等偏上位置。

太过艰难的环境易丧失信心，太过顺遂的环境又易丧失动力。知足，亦知不足；有目标，亦有途径。

寻找这样的环境是家长的责任。现时有很多一对一的课程，我个人认为这种方式适合拾遗补阙或者考前集训，并不建议在系统学习阶段选择。我也不建议完全由家长教导，孩子易生出"为什么只有我需要这样做"的疑问。把他放到群众中去，有伴，有竞争，裹挟着前行。

3. 胜不骄，败不馁

任何一次考试都只是一次考试。学习不是为了哪一次考试，而是为了整个人生做积累。可以临阵磨枪，但不能一叶障目。考试不过是结绳记事中的结，家长放下这个结，孩子才能结好这个结。

孩子的考试也是家长的考试。如果孩子的考试成绩出乎意料，说明家长的认识和孩子的现状有偏差。所谓胜不骄，败不馁，不只是对于孩子而言。若家长胜则欣喜若狂，败则怒气冲天，就难给孩子正确的引导。

为什么要培养独立思考能力

关于培养独立思考能力，日前有一场讨论。大体围绕着独立思考和与他人相处的关系。其中似乎有个默认的逻辑，即一个具有独立思考能力的人在现今的环境中会是异类。堂吉诃德战风车，悲壮而滑稽。

我理解的独立思考能力，更多的是基于个人内心的坚持。人脑有懒惰的倾向，遇到事情会不假思索地接受脑海中出现的既成的答案。这个答案有可能是别人告知的，也有可能是在长久以来的生活经历中不知不觉埋藏在潜意识里的。例如，常见的食物相克的问题，可能是"我的妈妈曾经告诉过我其中的几种"，"即使有可能不对，但避免比冒险更安全"。

接受这样的既成答案很轻松。抵制直觉的诱惑，去深入地思考要花费一些力气。"相克表上都是常见的食物，如果后果是真的，医院里就会每天挤满了因此致病的人。"这种简单的逻辑判断应该是大多数受过基础教育的人能做出的，阻挡他们的是头脑的懒惰。

我理解所谓培养独立思考能力，是在头脑中建立这样的思考程序，在遇到问题的时候，问一问：

1. 这是事实吗？

2. 这是事实的全部吗？

3. 在做出判断之前，我应该先了解什么？

4. 事情内在的逻辑关系是什么？什么是因，什么是果？

引导孩子独立思考，就是把这种思维方式固化在潜意识里。保持警醒，避免陷入直觉的误区。

这里并不是说直觉都是错误的，事实上人大部分的判断依赖直觉。思考的作用在于对直觉进行纠偏。

具有独立思考能力的人，并不必然是叛逆的，或者标新立异的，特立独行的。后两者更有可能缘于强烈的被关注的需要。他更有可能是温和的、宽容的，因为他更少被直觉所引起的情绪影响，更理智。他会更遵守规则，因为他深入地了解规则，了解为什么要有规则，规则保护了谁，了解规则的局限。他也会更容易和他人相处，因为他更能理解他人行为的原因，并且能预测他人行为并做好心理准备。

培养孩子独立思考的能力，并不单纯是鼓励他挑战权威。不能把不分场合的发问看作独立思考的表现，那只是缺乏礼貌的表现。独立思考在大部分时候是自省、是坚持。

要培养孩子独立思考的能力，在于引导他去想问题，去寻找答案。发问是一方面，更多的思考将建立在学习之上。一个独立思考的人必然有强大的学习能力，换句话说，习惯独立思考是人在一生中始终保持学习动力的一个直接原因。

简短地说，至少，也让他们不再去"抢盐"（2011年3月，受日本核电站爆炸引发的"核泄漏"恐慌在全国蔓延，在绍兴、宁波、福州等沿海城市开始出现抢盐潮，不少居民纷纷奔走各大超市抢购盐以备战日本核辐射污染。出现抢盐潮原因有二：一是传言吃碘盐可防辐射，二是谣传核泄漏污染了海盐）吧？

关于课外教育

有名网友问我：你主张快乐教育，为什么还给孩子报了各种课外班呢？问题中包含着对快乐教育的常见误解。

快乐教育绝不是把快乐和学习对立起来，而是引导孩子体会学习的快乐及生活的快乐。

大多数把学习看作苦事的人，是将学习作为一种手段。默认为了某个目标需忍耐长久的痛苦，这痛苦是达到目标的代价。

实际上，学习可能会是艰苦的、辛苦的，但不应该是痛苦的。

学习令人着迷。它是为数不多的，付出即有所得的事情。沉浸在学习中，能体会到自己逐渐强大的过程。其中哪怕是一点点不足以为外人道的小进步，都会给个人带来快乐。这种快乐像人生路途中随处生长的小花，简单、鲜活、芬芳。

孩子天生能体会这种快乐。犹记得小儿第一次独自上台阶，坚定地推开我们的手，小心翼翼迈步，成功后脸庞洋溢着骄傲与自豪，开拓疆土最大时的成吉思汗也不如他满足。

在成长中慢慢丧失这种能力的原因在于父母的暗示，以及过多、过早、过分的要求。

父母应给予孩子积极的暗示。有热爱学习的父母，孩子会感染快乐。父母认为学习是获取报酬必经的苦役，是通往幸福道路上需斩的荆棘，孩子也会习得这种观念。

家长需要避免给学习附加上标准与评价，更忌攀比。不以分数来评判孩子，不牵扯荣誉或耻辱。分数本身没有意义，是通过对错来检验一段时间的学习效果而已，以确认所得，发现不足，来定下个时期的努力方向。

快乐是个人的体会。不应将自信、满足建立在与他人的差距和外界的认同上。

谈及教育，教育的最好时机是孩子对某项事物发生兴趣之时。在过程中，不必追求效率，要尽可能地留住孩子宝贵的兴趣。不必强调结果，而要更多地去关注孩子的思维方式、学习方法。

有了兴趣与好的方法，孩子才可能在学习的路上走得稳、走得长远。

任何的学习，在经过初级阶段后，都会需要意志力的加入来应对重复的练习和越来越难的挑战。能够控制自己的情绪和行为，能够克服自己的畏难心理，在学习中学到的东西，对整个人生都很重要。

要心情愉快地度过这些困难的时光，首先要有兴趣。这就像每一个婚姻都充满了鸡毛蒜皮的琐事，都会遇到生老病死的考验，爱虽然是很玄的东西，却是婚姻稳固的根基。

其次是对付出有基本的认知。这是为什么要注重内在体验的原因之一。如果把快乐建筑在外在的认可中，会更注重荣誉，易忽视付出或视付出为代价。事实上，做任何事情，付出永远是必然及必须的。要能付出，对付出有所控制、掌握，体会效率观察结果。过程中亦有乐趣。这种乐趣来自对事情的掌控，是对自身能力的自觉。

体会到自己的力量，对于孩子来说是足以欣喜的事情。

谈到教育，总是围绕着学习。但快乐教育的核心是充满笑声的家庭。

其实对于孩子来说，无论长到多大，即使成年了，和谐稳定的原生家庭也是他最宝贵的财富。

人的一生总归有顺境有逆境，高高低低起起伏伏。生活压力总是有的，也早晚要面对生老病死。阳光灿烂时，全家分享，暴风疾雨中，家是庇护所。

如果认为只有严厉的教育才能管教好孩子，这和专制的政府有什么区别？有些父母因为感受到生活的压力，认为孩子玩耍即是在做坏事，其实是将自己应承受的压力转嫁给孩子。

父母有担当、有幽默感，孩子的生活会愉悦许多。孩子是否尊重父母，和父母是不是爱说笑，一点儿关系都没有。

热爱生活的父母，才会培养出快乐的小孩。

判断是不是快乐教育，唯一的标准是孩子的状态。他的身体舒展，他的面孔充满阳光，他的眼神中有光彩。

从 iPad 谈到课外班

最近儿子喜欢在 iPad 上玩一款鲨鱼的游戏，甚至琢磨着用自己的零用钱买"装备"，以变得更大更强。

我们谈了一次，主要谈游戏的商业模式。为什么玩游戏是免费，而游戏公司赚得钵满盆满。而后又重申了家庭关于游戏以及类似的事情的原则：拿得起，放得下。

脑子里要有根弦，一旦有什么东西或者什么人，让你变得不是你自己了，拨响那根弦，警报响起。

我从没觉得 iPad 是坏东西。感谢苹果公司，此移动设备极大地便利了我的生活，包括育儿。

之前出门会带书、玩具等，iPad 提供了又一个选择。

尤其在外出就餐时，大人们愿意慢慢享受美食和谈话，孩子吃饱了无所事事。看书、玩玩具、做数独、用 iPad 玩游戏或者看电影，都是很好的选择。保持安静，不打扰他人。

我们用 iPad 与其他电子设备如手机和电视的规则是一致的，假期里每天不超过一小时，上学期间，周五和周六各一小时。种类可选，时长不变，为的是保护眼睛。

如果是家庭电影日，适当延长。总要把一个片子看完，不是吗？

儿子在玩游戏、独自看动画片和与父母同看电影之间，永远选择后者。无他，后者提供更大的精神愉悦与情感满足。

游戏从来不是洪水猛兽，空虚才是。

曾经有年长的朋友谈到教育心得，说小孩子的精力像一头猛虎，总要满足它，才不会失去控制。

保持运动量，体力上与脑力上。

给他新鲜的东西，越来越复杂越来越有挑战性，要有趣，且不要操之过急。

五岁多的时候，儿子第一次在朝阳公园玩树上猩猩，初级，我陪他上去。他很紧张，走了一小圈，其中部分关卡犹豫再三，有的关卡是我护着过去的。

三年过去了，他玩过很多次，越来越熟练。在新加坡的MEGA ZIP，第三级，三层楼那么高。跨越天堑的那一关，大概有一米，这个长度平地上不算什么，三层楼的高度就是另一回事。老实讲对他来说有一点点远了，要确保过去得加点助跑，他跳之前大叫，跳过之后流了两滴眼泪，据说是不由自主，半是惊吓半是激动。

另一个难关是踏着一块块用绳索垂下来的木条前行，很难控制平衡。前面几个大孩子都放弃了，直接滑过去。儿子在那一关磨了二十分钟左右，经历了绳索绞在一起分不开，绳索缠在身上等意外，终于成功。表情五彩斑斓。

这些经历，远比电子游戏能满足他更多。

但电子游戏也是生活的一部分。至于iPad，是一种工具。用它，不要被它控制。

在谈快乐教育的那篇，有一位读者留言说这篇文章改观了他对课外班的看法，我回答说虽然是买椟还珠，但到底得一匣子。刻薄了。人但凡有点小机灵，时不时忍不住抖上一抖。

说到课外班，它和iPad一样，也只是一个工具，或者说一种手段。

父母再全才，也不可能全方位地满足孩子。在满坑满谷的五金商店里找一趁手的工具，需要父母了解孩子和"工具"，以及你希望用这个工具做什么。

在二年级总结中，我提到给儿子报了个美术班，在某一工作室画画。一个学期零一个寒假下来，最大的好处在于：再也不担心交不上流动秀场的作品了！需要的时候就去工作室，由老师提供专业的辅导。

什么事情不会吗？去找会的人。想知道更多吗？去找知道更多的人。这就是上课外班的意义。

如何直面错误以及不含指责的提醒

怎么去面对别人指出自己错误的尴尬状况，真是人生一大难题。

意识到这个问题是有一次在孩子练琴的时候我提醒他："咦，这个小节听起来不对喔？"他没搭理我，自顾自把整段曲子弹完，弹得支离破碎，又急又气又强压着火同我讲："妈妈，请不要在我练琴的时候打搅我，弹错了，我自己知道！"

嗯，话说出口我也发觉自己提醒的时机不妥，但是他的过激反应令我意识到问题没那么简单。

仔细想过来，我之所以会提醒他其实包含着对他的不信任：他自己能注意到弹错了吗？即使知道弹错了，他会偷懒忽略掉吗？而他的过激反应，也包含着对我态度的怀疑：妈妈是在指责我吗？

就这个问题，我们谈了一次话。明确了两点：

1. 妈妈只是指出你做错的部分。做错了，也没什么，改正就好。

2. 练琴呢，要按照老师所教的方法，把难点挑出来多练几遍。意识到错了，多练几遍就好。

谈话的效果很明显。从那天以后，他自己会有意识地关注弹错的部分，会把相关段落单独挑出来多多练习，不再需要提醒。

这个好方法不只应用于钢琴学习，可推而广之。只不过人往往有趋利避害的潜意识，越是擅长的越爱做，越是挠头的越回避。

怕做错怕受到指责是部分原因。对于家长来说，怎么样做到不带指责地提醒，是说话的艺术。

讲到会说话，我新近学到一个评价孩子考试分数的说法。

孩子考得不好，可以说："这次考试很有效果，把我们没有掌握的地方都暴露出来了，让我们来看看到底哪里不会？"

孩子考到满分，可以说："这次考试你很细心，会做的题都做对了，真棒！"

人生的过程很难一帆风顺，如何直面问题值得好好学习。小孩子是这样，大人也如是。我也曾被上了一课。

有一天和某人及孩子在路上，我打了一个电话。挂上电话，某人指出："你要多练练说话啦，刚才你一句话，说了三个'那什么'，我平常中午都那什么，你什么时候那什么，咱们中午一起那什么！"

作为有十多年写作经历的人，我非常羞于承认自己实际上在语言表达上有障碍。看我半晌没回应，儿子帮腔道："妈妈就是一时没想起来嘛！"

为了给孩子做榜样，我一把推开那个名叫恼羞成怒的魔鬼，深吸了口气说："嗯，爸爸说得对，妈妈确实有这个问题，以后妈妈会注意，想好了再说。"

自觉跨出了艰难的一大步!

从陪伴到自主学习

谈到自主学习能力，常常有"什么都不用管才叫自立"的误解，但自主学习能力的核心便在于主动寻求帮助和知道去哪里寻求帮助。

小学低年级，孩子的主要任务是明白"人生中总有些必须要做的事"。孩子明白什么是"必须做的事"的过程也是建立责任感的过程。不管有没有兴趣，必须做的事，就要认真地做。比如学校的功课，若能从中得到乐趣，则是意外之喜。

在这个阶段，孩子有烦躁的情绪很正常。斥责并不能令他静心，陪伴可以。即使在一旁做自己的事，父母的态度也会感染孩子。

在陪伴的过程中，家长如有能力，可去寻找孩子的学习需求。这个学习需求是他能力的萌芽，介于他现时可以做到的事与尚不可独立完成的事之间。作为"更有能力的人"，家长搭一座桥给他。

搭一座桥，而不是将他抛向对岸。

演示如何去做一件事，会比替他做花更多的时间精力，但这才是陪伴的目的。最初可能只告诉他这么做就可以了，令他在过程中体会，如此行事确实达到所需效果。随着孩子理解能力的增长，要告诉他为什么这么做，还可以怎么做，怎么去判断和选择。

从"妈妈要求我这么做"到"我需要这么做"，再到"我要达到什么目的就要怎么做"，是三个阶段。

孩子最易建立的自主学习方式是改错。

发现错误，不放过。练琴的时候，容易错的地方多练几遍。做完的作业，考过的试卷，分析错误的原因。

常常有孩子会说"这些我都会，只是我马虎了"，这种理由是不能被接受的。错了，就是不会，不会看题，不会检查，这甚至比不会做题还糟糕，这些是会有广泛影响的基本素质的缺陷。反倒是某个知识点未掌握，没关系，咱们可以再研究。

再进一步，是在学习的过程中，发现自己没听懂，不理解。

敢于承认自己不懂，敢于问问题。这个好习惯的建立，来自家长的鼓励。孩子说不懂，就指责他"上课的时候没有认真听"，后果可想而知。有些成年人在发现问题后本能的反应就是竭力掩盖，直到盖不住酿成大祸，根源在于童年形成的处事方式。

孩子如果可以明了自己随时能够从家长处得到支持和帮助，会敢于面对自己的不足，亦勇于尝试新的或难度更高的领域。

对于自主学习的进程，较好的期望大体是"小学低年级完全由家长老师控制学习，三四年级开始学习自己控制一部分内容，五六年级锻炼自己控制复习/练习并开始学习做选择，七八年级锻炼选择判断，高中阶段逐步深化到锻炼在学科范围内自主选择学习进度、学习方式，大学开始自己选择学习的内容目的"。而现状正如好友"雨打沙滩"所说的是"若干关于自主学习方面的研究都表明，绝大多数大学本科的学生仍然不具备足够的自主学习能力来进行完全自己控制进度的线上学习，对于老师控制进度的线上学习也还需要频繁地指导"。

家长了解这些，便知道自己的期望值与努力的方向。

被侮辱和被伤害的人

三年级时，儿子和班上第一暴力女同桌。起初我很担心，曾经询问过他要不要我和老师谈一谈换个座位，他很酷地说："不用，和不同的人在一起，我也是不一样的。"

凡事好得不像真的，那就难以久持。

一个晚上，他郁闷地向我求助："她老打我！而且，今天真的把我打得很疼！疼得我眼泪在眼圈里转了半天，差点都要哭出来了！"

我一瞬间体会到什么叫"怒从心头起"，什么叫"恶向胆边生"！很想拍着桌子说：给我揍她！只要打不死，就往死里打！打残了妈妈包赔！

当然我没有。我梗了梗脖子把那口血咽下去，磨着后槽牙说："你还手了没有？"

他委屈地说："我没有，妈妈你说过不能打女孩。"

我气愤地说："她整天打人，就不是女孩，是女响马！"

商量的结果是第二天我们兵分两路：他不再忍耐，如果女孩动手，他就还手；我给老师打电话，要求换位子。

我打电话给老师的时候，老师很惊讶，说从没接到过儿子的投诉，答应彻查此事。

下午去接儿子的时候，得到了结果。

老师先是找了他们周围的同学了解情况，之后找了我儿子，再找了那位女同学。儿子的投诉属实，女同学被批评得痛哭流涕。但是并没有换座位，因为儿子答应再试试。

老师说："这个孩子，是个心胸宽广、能容人的孩子……"

我其实是不满意的，但是孩子既然这么答应了，也得尊重他的选择。快放暑假了，就这样吧。

回去我问他："你今天有还手吗？"

"有。"他说，"一早去了，她又上手，我就给了她一手刀。"

儿子的手刀……我的胳膊曾经受过，半天后还隐隐作痛。我问："那她什么反应？"

他说："震惊，愤怒。但是她什么都没有说，也没再打。后来老师就找我们了。老师找过我们，她就对我特别好特别好了……"

又过了几天，我再次询问他们之间的情况，儿子说："神奇了！她就像变了一个人似的！"

我同他讲："这是因为，你的态度变了。"

"其实事情发生到这一步，你也有错。"我说。

他惊讶："我觉得自己没做错什么。"

"你错在没有一开始就制止她。"我说，"妈妈有个网友叫 HuangNi-Luo，她说过一句很经典的话：'你容忍什么，你就会得到什么。'你是个宽宏大量的孩子，这很好，但没有原则的宽容就是纵容。你没让她知道你的底线，她就会得寸进尺。要学会及时地说不，说这样不行。一味地容忍，她只会越错越多，超过你能承受的限度，然后，就爆发……其实可以不用走到这一步。"

他点头。

他到底理解了多少，我不知道。期望他能在每一次伤害中成长。我告诉他的，也是自己从血和泪中凝结的体会。成长，确实是很痛苦的经历。

全民大战拖延症之一

隔三岔五总要谈谈人生

有一段时间，儿子在睡觉前总处于抓狂状态，甚至有几天根本是哭着睡的。后来我看火候差不多了，便找他坐下来谈了谈人生。

为什么会抓狂呢？因为事情做不完。为什么事情做不完呢？因为到了三年级下，任务显然比之前重了。再按照之前的时间安排、节奏做事情，就捉襟见肘了。

比如有一天：三点半放学，一直玩到六点吃饭，吃完饭稍歇了一会儿，做学校的作业。七点半下楼再玩半小时，八点钟回来又稍歇一会儿，八点一刻做奥数作业。可是难度大啊，做了四十五分钟也没有做完，就有点沮丧。又歇了一会儿，开始弹琴，弹琴也遇到难题，就崩溃了，说自己的耳朵出了问题，听到的升F和之前怎么都不同。老实讲我听不懂他在说什么……叫他不要弹了。他拒绝，说一定要把任务完成，于是哭着弹完了所有的曲子。然后去洗澡，说要三分钟洗完，结果花了十分钟，气急败坏地上床了……

谈了谈，内容如下：

觉得痛苦，是因为需要改变了。

首先要有一个认识：随着年龄的增长，任务会越来越多，越来越难。很少事情能轻而易举地做到，大多数事情，都要费些力。要记住，费力才能拔出来的，是"大萝卜"！这不是因为你不够聪明，而是人人都要面对的一个现实。

他问：怎么才能做到最好？我说，世界上根本没有最好这回事。一次考试，可能会有最高分，但没有人能次次拿到最高分。更重要的是，这不应该是你追求的目标。认真做事，做到哪里就是哪里。

人生不应该有目标吗？——目标可以有，但目标的作用是给你指明方向，不是让你一直盯着它看。重要的是过程，不是完成。例如，你今天哭着把曲子弹了一遍，完全没感受到音乐之美，也没用心磨炼技巧，只是给脑子里的任务表上打了一个钩。但想想你学琴的目的，是为了这个钩吗？

理论说得差不多，再说说方法。

时间管理，要赶早不赶晚。明天放了学，休息一会儿就弹琴。不赶时间，就可以从容一些。在饭前完成一部分任务，就不会在饭后忙得四脚朝天。

正在做什么，就认真做什么。不能做着这个，想着下一个。不求多，不求快，做就做到位。

他答应了。

又问，什么事情最重要呢？我答：对于你现在来说，睡觉最重要。给他关上灯，我抹了把汗。

片花和现实

当然就像我以前所写的大多数文章一样，谈谈人生只是一个片段。如果生活是一部电影，这就是冲突爆发的片花，以及某位英雄三下五除二干掉坏蛋的片花。大家领会精神。

实际生活远比片花要冗长，早在冲突爆发之前就有暗战。多少次我按捺住内心的冲动，不对他耳提面命，冷眼看着他一步步地越走越远。为什么这么做？因为不真正感觉到无规则的痛苦，就不会真正理解规则。

我当然可以铁腕地要求他什么时间必须完成什么。但我担心的是，如果他只是习惯于听从父母的命令，在规定的时间完成任务，那些任务，是不是会变成我的任务，而不是他的任务？他做，是因为"父母要求我做"，而不是"我需要做"？现在，因为他小，因为他对父母的信任，他对父母言听计从，如果有一天，他不听了呢？而且，我希望他成为的人，难道是一个永远对我言听计从的长不大的孩子吗？

自控力的萌芽

如果不受压制，孩子会自然地长大。我甚至能清晰地感受到他心智的成长。尤其是在八岁到九岁的这一年，他脱离了懵懂的儿童时期，在缓慢而坚定地向少年迈进。

他曾经和我分享过两个片段。

一个发生在某堂英语课，作为视听教材，他们看了电影《熊的传说》（*Brother Bears*）的结尾。他出来的时候红着眼睛，同我讲：我有一种特别的感觉，在那几分钟，周围的世界都不存在了一样，我完全沉浸在电影之中了。

另一个片段是在他的课外活动之中，放学的时候他一脸兴奋，告诉我今天他有种特别的体会。他和两名同学一起玩"飞弹"，那是一种柔软的小球，可以扔得很高很远。他说：当我把飞弹高高地扔上天空，时间变得特别特别慢，我仰着头看着它在蓝天上划了长长的弧线，我的心里特别的快乐，整个身体都特别的舒服。

他的描述，令我回想起自己的少年时代，曾经躺在窗前，看高高的蓝天上白云缓缓地移动。那可能是个漫长的下午，也可能是短短的一瞬。但我确信，在那之后的我和之前有所区别。我意识到我存在于天地之间，我成为我，而不是人口普查表上的一个数字。

以上的这几百字和本文的题目"大战拖延症"似乎没有一点儿关系，找不到它们应该出现在这里的理由。我忍住了按"Delete"键整理文章的冲动。且慢，或者，我该给它们一个理由——写着写着我发现这篇文章的核心其实是关于孩子在成长过程中如何成为自己的主人。拖延症，只是失去控制的一种表现而已。

能意识到自己的情感，意识到自己的"意识"，我觉得是自控力的萌芽。

力量与对错

自己身体里的力量，未见得自己能够控制。我看着儿子，以及一些更大的青春期的孩子，看到他们像传说中被绝世高手强灌了内力的不晓得是有幸还是不幸的主角，力量在他们身体中横冲直撞。他们忽而自觉力大无穷，什么都敢做什么都能做；忽而又被这些不真正属于他自己的力量所左右，所伤害。

儿子皱着眉头同我讲："我也不想那么做，但是我也不知道我为什么就那么做了。"

这不是借口，这确实是实际的情况。成年人也有这样的时候，比如，明明知道晚睡会导致头疼，还在深夜刷着无趣的微博，玩着无聊的游戏；明明知道家里衣服已经满坑满谷，却还不由自主地购物。

我同他讲："很抱歉，这个我帮不了你，你必须自己去思考，弄明白你为什么要去做。"

分辨对与错，对于大多数人来说并不会是问题，问题在于，是不是能够诚实地面对。再没有什么比诚实地面对自己更艰难的事情了，艰难到我们有时候宁愿放弃自由。

谈谈自由

同他解释什么是自由，我很庆幸在需要的时候找到了这本《写给孩子的哲学启蒙书》。

我一定要把这段话抄过来："我们拥有精神、思想、情感、感觉和智慧，我们有能力做出决定、选择和反应。我们每个人都有自己的个性。为了构建这种个性，我们需要拥有最大限度的自由。正是在这样的自由里，通过我们做的每一个选择，我们造就了我们自己。"

享用自由的前提是，充分了解选择的后果，以及承担自己的责任。

这就是为什么小孩子所有的自由会比成年人少很多，因为局限于年龄和见识，他往往并不能充分了解选择的后果。责任则更多地在监护人。

给予孩子什么程度的自由，需要父母去衡量。抱怨孩子不能自觉的父母，很可能是给予孩子的自由太多了，超过了他可以驾驭的程度。管得太紧，又会导致"激烈的反抗"，或者"个性的沉默"。

在谈论拖延症的时候强调自由，切入点在于：当一个行为是自愿的，是自由的选择的时候，它更有价值，也更能坚持。

人生的三件事

我和儿子讲人生的三件事：想要做的事、必须做的事和能做的事。这三者的重合程度越高，人生越愉快。

人性发展到现在的阶段经过了漫长的自我驯化，以适应现代群居社会。孩子的行为会比成年人存在更多的本能，这些本能的冲动，未必是有利于自身的。也就是说，"想要做的事"未必是"好的事情"。

认清这个问题，需要独立思考，分辨对与错。不过，做想要做的"好事"，也未必手到擒来。把想要做的事，变成能做的事，中间可能需要通过大量"必须做的事"去积累。

李宇春在腾讯的采访中谈到自己的经历。"以前我讲过一句话：'音乐以外的事情知道得越少越好。'可是我现在觉得那是一个非常单纯、非常美好的愿望。这是我的职业，在这个行业里，我要对很多音乐以外的事情了解，甚至是操心。团队的组建，甚至是做演唱会的预算，很多很多七七八八的事情都是跟音乐没有关系的。我自己在不停地练就，不停地练就，为什么要练就？这并不代表你变了，我觉得没有。你最终练就这十八般武艺的目的就是希望保护好'音乐'那一块单纯的东西，因为如果你不练这个的话，可能它就死掉了。"

意识到这一点，就把"必须做的事"变成了自由的选择。你付出的努力是为了让自己更强大。——为了理想而奋斗，和为了达到某个目的而忍耐长久的痛苦，是完全不一样的人生。

然而，有句话叫作"知易行难"。如果讲完道理，就指望孩子能够一丝不苟地长久地执行下去，那家长就太天真了。

况且能不能坚持，有没有效果，不只是思想问题。

现在，可以试着提炼一下关键点了。

如果在推进某项任务，遇到非暴力不合作的情况，不妨试着从以下几方面去考虑：

1. 这个任务，是必须的吗？孩子自己意识到了吗？

2. 孩子各方面做好准备了吗？是更上一层楼还是要搭个空中楼阁出来？

3. 方式易于操作吗？条条大路通罗马，寻一条捷径。

父母不能把自己的意志强加于孩子。这不仅是不对的，而且随着孩子年龄的增长，也将越来越难以实现，并会导致惨烈的后果。但这绝不是说父母毫无作用。父母完全可以潜移默化，不断地将积极的暗示自然地传递给孩子。

引导孩子发掘自身的需求，这也是在帮助他成长，走向自主学习的道路。

越俎代庖的后果

为什么现在有更多的家长为了孩子长不大、不自觉而烦恼？这当然有家长的期望过高的原因，另外，最有可能的因素是家长管得太多了。

家长总是越俎代庖，孩子就越发地盲目。家长和老师谈孩子的学习问题，谈孩子的各种问题时，孩子在哪里呢？孩子对这些问题有没有切身的感受呢？

家长在做出各种决定的时候，孩子有没有参与进去？

讲学习最简单。要发现某个学科的薄弱环节，最直观的办法是分析试卷。和孩子一起，看看错题错在哪里，怎么补上短板。如果没有分析的环节，看到分数，直接甩出大量的练习，这既没有效率，也会令孩子抵触，觉得是种惩罚。

家长始终扮演帮助者的角色，才不会出现孩子与父母对抗的局面。若独裁，必有反抗。

如果仔细观察，会发现家长的越俎代庖体现在方方面面。即使到了小学高年级，孩子在生活上无法自理的也大有人在。如果一个孩子，吃饭穿衣尚需帮助，不能独自洗漱，不能独自入睡，没有独处的空间，没有自由支配的时间，那么，能指望他单把学习这一项安排得井井有条吗？

时间管理的一些技巧

只有孩子对自己需要做的事情心中有数，时间管理的技巧才有用武之地。

任务表是个好方法。

我们一般以学期为单位来安排学习计划，然后以星期为单位制定时间任务表。列明每天要做的事情，占用的时间，如无意外，一般不做更改，但会安排些有弹性的工作及留足空余时间。

在安排计划的时候，要与孩子讨论：需要完成的任务是什么？大的任务怎么分解成小项目？完成一个项目大约需要多少时间？怎么做更有效率？

有的时候他会提出明显不符合现实情况及他的能力的计划。没关系，做做看，再调整。不要怕出错，不要怕走一些弯路，这些问题越早暴露危害越小。

不得不说，早年间学了点项目管理的知识，对我帮助孩子执行学习计划很有帮助。不必时时督促（那会极大地危害母子关系），但要关注各个节点的完成情况，及时戴上假发，用一口地道的英国伦敦腔询问："May I help you, Sir?"

拖延症中扮演大反派的往往是各种游戏。我们家对于游戏的原则是"拿得起，放得下"。不过，指望孩子能够盯着钟表去控制时间太难了，好在有个东西叫作"计时器"。说好了二十分钟，就是二十分钟，铃声响起，就放下。当然，他时常会"让我玩完这一局"，但却不会过分。计时器为什么比父母的催促有效果，大概是契约的魔力吧。

再啰唆几句

父母看到拖延，孩子未必有感觉。对他发火是毫无用处的。如何帮助孩子妥善地规划和执行学习活动，需要了解孩子的状态，多些耐心和技巧。路漫漫其修远兮，幸前有古人，后有来者！

读小说

儿子把《卡徒》拿到阅读课上看的时候，周围同学表示奇怪："你怎么会看这种书，这不是小孩看的书。"

"那什么书才是小孩看的书呢？"我问儿子，"他们看什么书？"

"《查理九世》。"

"你比较这两套书呢？"我问他。

"《卡徒》更吸引我，"他说，"文字也更好。和《卡徒》比起来，《查理九世》显得有点粗糙，不过挺好玩，我也喜欢看。"

"我觉得，你应该读一些和你的智商相称的书。"我意味深长地说。

我们也聊了聊别的书，比如《林汉达讲中国历史故事》。他现在觉得《林汉达讲中国历史故事》浅显直白，我说那是因为你长大了。他又让我用食物的等级来比较《林汉达讲中国历史故事》和《卡徒》，我说《林汉达讲中国历史故事》是专门写给孩子看的书，像婴儿米糊，对刚刚开始阅读的孩子很有营养，容易消化，但对于成年人未免寡淡。《卡徒》呢，是没有年龄界限的书，但在文学性上并不算好，是家常便饭。

"《查理九世》是薯片。"他哈哈笑着确认，"不过比《疯了！桂宝》强点，油炸和非油炸的区别。"

孩子们都爱吃薯片。偶尔为之并无大碍，但如果这是阅读的全部，就是件很可怕的事了。看完《卡徒》之后，儿子向同学借了本《查理九世》，一边看一边笑，一边说真是太傻了，一边欢欢喜喜地看完了。

我默默地上网定了套旧版《射雕英雄传》。

记得我小时候，武侠小说被定义为不入流。现在倒要靠金大侠把孩子从查理九世身边解救出来，我九斤老太式地感慨，这是不是说明国民阅读水平整体地倒退呢？

讲到读小说，我介绍《卡徒》这套书给孩子，最初的目的是希望对他性格形成产生影响。儿子这代人，自小成长在安逸富足的环境中，这本书的主角陈暮具有的勤奋、自律、专注、坚韧的品质，正是他们所缺少的。但在他阅读的过程中，我发现另有两点收获。

第一点是他对人物的理解能力大大提高了。小说，尤其是长篇小说，对人物的塑造相对儿童文学来说要立体丰满许多，且脉络清晰。不同人物有不同的性格，不同的处事方式。艺术虽高于生活但毕竟源于生活，在小说中产生共情，对生活中的换位思考亦有裨益。

第二点是他对文字的感觉有所增强。婴儿食品一律打成糊糊，真实的餐桌上食物各有各的口感，真实的文字各有各的风格。好的句子读罢口齿留香，让人禁不住去反复诵读、模仿。曾有过这种感觉，读书才不是在识字，储备知识才是真正读出了文字的意味，领悟到了文字的魅力。

有人问我："孩子学习任务这么重，读小说到底对孩子有什么用处？时间花得值得吗？"——要说对于升学的帮助，这个可能真的没有。

不过，林语堂的这段话倒是确切地表达了我的想法——"据我看来，关于读书的目的，宋代的诗人苏东坡的朋友黄山谷所说的话最妙。他说：'三日不读，便觉语言无味，面目可憎。'他的意思当然是说，读书使人得到一种优雅和风味，这就是读书的整个目的，而只有抱着这种目的的读书才可以叫作艺术。一人读书的目的并不是要'改进心智'，因为当他开始想要改进心智的时候，一切读书的乐趣便丧失殆尽了。他对自己说：'我非读莎士比亚的作品不可，我非读索福客俪（Sophocles）的作品不可，我非读伊里奥特博士（Dr. Eliot）的《哈佛世界杰作集》不可，使我能够成为有教养的人。'我敢说那个人永远不能成为有教养的人。他有一天晚上会强迫自己去读莎士比亚的《哈姆雷特》（Hamlet），读毕好像由一个噩梦中醒来，除了可以说他已经'读'过《哈姆雷特》之外，并没有得到什么益处。一个人如果抱着义务的意识去读书，便不了解读书的艺术。这种具有义务目的的读书法，和一个参议员在演讲之前阅读文件和报告是相同的。这不是读书，而是寻求业务上的报告和消息。"

（补充说明：儿子至今也没有读《射雕英雄传》……）

关于粗心这件事

某天我参加了一个关于粗心的线上讲座，颇有收获，记录如下。

首先：粗心是结果，不是原因。

粗心往往是和满分对照而言的，看似每个知识点都掌握了，却很难在考试中得到满分，便会被归咎于粗心。然而，在计算了某个知识点有99%正确率与90%正确率的同学，在题量逐渐增大得到满分的概率后，所谓粗心，就成了错觉而已。如图：

两位同学得满分的概率

	同学A（0.99）	同学B（0.9）
10道题	90%	35%
20道题	82%	12%
50道题	61%	0.5%
100道题	37%	0
200道题	14%	0

一个尖锐的问题：

一个题99%的正确率和90%的正确率的孩子，只靠"感觉"，有区别吗？！

A和B这两个孩子的情况，随时随地都出现在我们身边，但是我们往往无视科学，而为失败找了一个借口，这个借口就是粗心。

当题量达到200道题的时候，知识点90%正确率的同学得满分的概率已无限趋近于零，低于买体彩中500万的概率。

另一个显而易见的现实是关于实力和最佳发挥的。很多时候我们把最佳发挥当作实力，低于此的被归咎于"粗心"。实际上在大数据之下，一个孩子的成绩曲线大体符合正态分布，左右两侧的区间可能性基本相等，宽窄（方差）取决于心理素质。

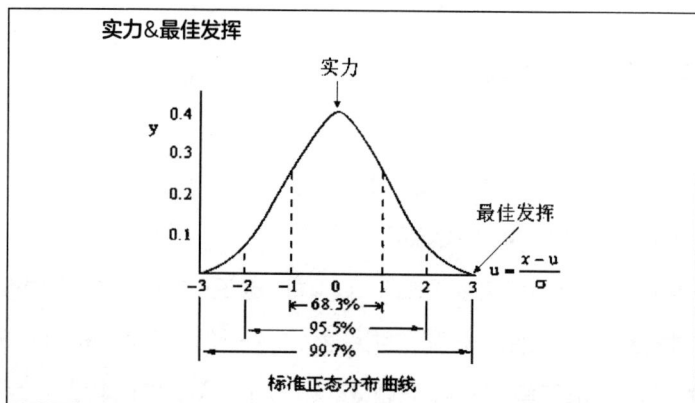

实力&最佳发挥

实力

最佳发挥

$$u = \frac{x - u}{\sigma}$$

68.3%
95.5%
99.7%

标准正态分布曲线

这两张图表破除了关于粗心的幻觉。比如，他难题都会做，简单题错，那不是不会，就是粗心。粗心是态度问题，态度端正了就不粗心了——把问题归咎于态度，就成了一笔糊涂账。

事实上，对于一个人来说，每个知识点都不可能百分百掌握。这个掌握程度，是可以用错题率来量化的。错题率越低，表明知识点掌握程度越高，相应的，在考试中获得满分的概率也越高。

因此，态度不是原因，"粗心"不可能因态度的转变而彻底解决。唯一解决"粗心"问题的方法，是提高知识点的掌握程度，令做题正确率接近100%。

这时候老师给了一个颇有争议的说法："中小学的知识难度可以忽略，正确率基本等于熟练度。"

所谓知识难度可以忽略，意思是凭借正常人的智商在理论上都可以达到100%的正确率。（在"粗心"不能当作借口之后，"笨"这个借口也被彻底抹掉，考不好只能归咎于"懒"了。）"正确率基本等于熟练度"这个说法，说明了为什么题海战术虽然被人诟病、痛恨，但确实是有效果的。

（这时候我提了个问题：奥数的知识难度呢？老师答：这个不好说。）

不过，无差别的题海战术虽然是有效果的，但并不是有效率的。

怎么提高效率，要从错题入手。眼中不能只盯着错误，而要追溯思考过程。在这个问题上，我有实践经验，恰好和老师所讲的理论吻合。在辅导孩子学习的过程中，我发现大部分的错误都不是偶发的，往往成批出现同类错误。在追溯思考过程中，会发现根源往往是简单的概念没有完全理解，或者干脆是错误的理解。

追溯思考过程，最简单的方式是要求孩子每道题写解题过程。这也是中小学衔接中值得重视的学习习惯问题。我从暑假开始给孩子提出这个要求，然后发现很多他答案对的题，在思路上也是模糊和不完整的，这也可以解释，为什么看似同样的题，有的时候能做对，有的时候就做不对。并不是"粗心"导致，而是他的掌握程度本身就比较低。

讲座中给了影响做题正确率的习惯：

1. "视而不见"：对信息的扫描能力（注意力）

2. "见而不思"：对信息的处理能力（分析力）

3. "思而不动"：手眼协调的能力（执行力）

以及训练的方法：

注意力的训练方法有读书、下棋、学习乐器，等等。（关于这个问题的研究很多，有各种理论和指导。）

分析力的训练方法是"随口问"，养成随时问为什么的习惯，养成思考的习惯。（这其实是真正的素质教育。即使是成年人中，没有思考的习惯，不假思索地接收各种信息的人太多了。这种状况有人归咎于中国的教育体制不鼓励思考，我觉得这种"都是体制/别人的错"的态度倒真是教育问题。）

执行力的培养在于执行。永远不认可口头上的"会"，必须见到正确率才算结束。惭愧地表示，在我辅导孩子学习的过程中，也意识到了这个问题，只不过有的时候我坚持不住了，明知道可能有漏洞，也选择了"相信他"。这实际上是种道德绑架，作为孩子，他觉得自己会了，掌握程度一定远远低于百分百。好在我尚有一丝良心，并没有去质问他"说会了为什么又错"。诗词的背诵，一定要落到默写。阅读题，要讲得出来龙去脉。数学题，一定要落实到步骤。这些都是要沉下心练的死功夫，也是真功夫。

这是老师最后的总结：

1. 粗心问题的本质，是熟练度不高在成绩上带来的客观反映。

2. 粗心的数量和频率反映出的是客观的知识和熟练度，时间越长，越准确。

3. 解决粗心问题，要从训练做题正确率入手：

(1) 知识层面：不放过任何一个"感觉不对"；

(2) 习惯层面：以极高的频率问自己"为什么"；

(3) 从生活中训练，而不能只盯学习。

做讲座的李睿老师，在 E 度论坛有个著名的帖子《是什么导致了孩子之间学习的差别》。帖子我是偶然看到的，从中得到很多启发。循着帖子的线索，我接触到了海边这个教育平台，认识了博宇、子源等优秀教师，吸收了大量新的教育理念、新的教导方式。不得不感慨自己的幸运。

在线教育是个新生事物。那天的讲座，听众有一百多人，来自全国各地，这在几年前是不可想象的。技术的进步终会缩小地域的差别，令更多人受到更好的教育。

好习惯

常常被问道："要给孩子养成什么样的好习惯？"

我觉得，最重要的好习惯有二：一个是诚实，一个是认真负责。

作为一种习惯的"诚实"，不是通常意义上"捡到一分钱要交给警察叔叔"，也不是"打破玻璃要承认"，而是你敢不敢、能不能面对自己。

正视自己的欲望：我想要做什么——孩子有没有自己的想法？敢不敢表达自己的想法？敢不敢去追求自己的理想？怕不怕失败？

正视自己的能力：我能做到哪一步？能不能准确地估计，不粉饰、不谦虚？能不能"积跬步"，不急躁、不失望？会不会找方法？敢不敢求助他人？

对自己的诚实，比对别人的诚实更难。它要求你时时刻刻保持清醒，跳出来看自己。

引导孩子去明确自己的目标，想象会被什么阻碍，模拟应对的方式。告诉他们真正的勇敢是敢于面对自己的怯懦，敢于面对失败。

落到具体学习上，孩子起初会很难估计自己是真的懂了，还是好像懂了。

数学上我们采取的方法是重做例题。"纸上得来终觉浅，绝知此事要躬行"，自己做一遍，就知道哪里有漏洞。语文、英语就是落在笔头，能写出来，才是真了解。

那种看一眼，便说"我知道了"，只是自我欺骗而已。

另一个习惯是"认真负责"。

曾经有个孩子在语文群里找人改作文。我看过之后同他讲：这篇作文没法改，因为它没有主线，像"萝卜开会"。整篇给人感觉就是：我东凑凑、我西凑凑，我凑、我凑、我凑凑凑，终于凑够字数了。

另一个孩子来解释：阿姨，他肯定是不喜欢这个题目，没什么好说的啊。

阿姨告诉他：孩子，所有人都是去评价你的作品，没有人会关心背后的"苦衷"。没有人会在意你做这件事的时候喜不喜欢、想不想。别人看到的，是你做的成果。那成果永远写着你的名字。

明白需要对自己的作品负责，做事的时候便会认真。衡量认真的标准很简单：认真的人会专注在目标上。当你开始强调客观情况，计算他人责任的时候，心气已经泄了；当你开始抱怨的时候，开始求取同情的时候，就是在放弃了。

那种"凑合一下""混过去""差不多就行了"的念头，要像打地鼠一样敲下去。

事事必须倾尽全力吗？并不。我对孩子的要求始终是：要努力，不要玩儿命。不要搞到"卖肾买果六"，分分钟溅围观群众一脸血的程度。命只有一条，玩儿得不好就玩儿丢了。

而且，人有软弱的权利，有偷懒的权利。但回到第一条，在没有认真的时候，你能不能诚实地面对自己？

可以认尿，但不能欺骗自己。

诚实的习惯，令孩子明确自己需要做的事；认真负责的习惯，保证做事的质量。其他种种，都只是做事的方法。不管是"番茄工作法"，还是"34枚金币时间管理"，或者其他，都是辅助，无所谓采用哪种。哪种用着顺手，就用哪种吧。不用，也无所谓。没有装备，还不跑步了？

谈谈素质教育与应试教育

首先给本文讨论的应试教育和素质教育下个定义。应试教育以成绩为核心，以取得好分数为目的，主要手段是大量练习。素质教育以能力的培养为核心，注重"通识"，主要手段是读书和实践。

强调一下，那种"错一个字抄一百遍；一个人犯错全班连坐"的，根本不能称之为教育，而是心理变态在虐童。另外，跟那些认为素质教育就是"拉着兴趣的手，跟着感觉走"的人，我也没有什么好说的。

应试教育的佼佼者，一定具有以下两种能力。

一是"有恒心，有毅力"。大量的练习，需要足够的坚持。人的智商符合正态分布，大部分人都处于中段，既不特别的聪明，也不特别的蠢笨。学习结果多半就取决于花了多少的力气在上面。这种能力可以推而广之。保持稳定的状态，不跑偏，不驻足，是做任何事情的基础。而大部分学渣的规律是学期初一鼓作气，再而衰，三而竭，最终有多少算多少，下学期再战。如此循环往复。这种半吊子，是一切成就的克星。

二是"良好的记忆力"。对于所谓的"死记硬背"，我友"雨打沙滩"有段很好的讲话："我认真地觉得背书不浪费记性，反而会帮助增强记忆力。我们在努力记住某些内容的时候，有一个过程是试图把看上去没有意义没有关联的信息跟脑子里已经有的有意义的信息联系起来，这个过程我觉得可以算是锻炼思维。我觉得'记性好'的人应该比较擅长找到或者创造这些看上去无关的信息之间的联系，背政治背单词都可以锻炼这个能力。至于被记住的内容，大约就是煨鸡汤的鸡，可以吃但是扔了也没多可惜。"过于强调理解力而否定记忆力，大约是不肯下死功夫的借口。

素质教育的佼佼者，应试不会差。

应试完全不灵，便自称坚持素质教育，这就好像："当某人外表实在乏善可陈时，会聊天的人一般就赞他有气质；如果实在太过奇突，就可以赞其有个性。"

对于拥有能力的人来说，掌握技巧即使不如探囊取物，也绝不会举步维艰。打个比方，很难想象一个学了"九阳真经"的人，出手不如练铁砂掌的。在素质教育中所获得的能力，可以运用到各个学科的学习之中，这会令学习效率显著提高。换而言之，一个接受素质教育的孩子，如果要达到同样的分数水平，仍然和接受纯粹应试教育的孩子一样，需要同样数量的练习花同样长的时间，那我们可以认为，这种所谓的素质教育是无效的。

素质教育本身和应试水平并无根本冲突，两者之间最大的冲突在于时间。要保证应试水平所需要的熟练度和准确性，必定要保证一定量的练习，而一个人的时间是有限的。必定要根据现实的需要，进行规划与平衡。如果明明知道处于需要成绩说话的阶段，仍然坚持"不为五斗米而折腰"，求仁得仁也罢了。

目前来看，应试教育最大的弊病在于"狭隘"和"一白遮百丑"。"狭隘"无须多谈。"一白遮百丑"是指短期的好成绩会掩盖许多重要问题。其中危害最大的问题是"没有建立自主性"和"方法简单粗暴"。部分小学成绩出色的孩子到了初中一落千丈，往往就是因为，对于小学的孩子来说，父母可以完全主导，不管是采用何种手段，雷霆也好，雨露也好，能够保证孩子练习的强度；再者，由于内容不多，即使学习方法简单，也能得到还不错的效果。而到了初中以后，青春期的孩子开始逆反，家长有心无力，如不能自发地学习，难以保证练习的强度；另一方面是习惯了简单的学习方法，如不能与时俱进，难以掌握成倍增长的知识量，应付日益提高的考核要求。

素质教育，如果不用来自欺欺人的话，没有什么弊病。

颇有些自觉读过不少书的人认为自己所坚持的是素质教育，耿耿于怀于自己所取得的成就不如那些"只会考试"的"机器人"。特别是如果还能写几句，又被人恭维为"才子才女"，更容易一肚子怨气。对于这类人，我只能说：你开心就好；不开心，那是自找。

再谈素质教育

素质的基础是知识储备。离开知识谈素质，无异于搭建空中楼阁。

对于十二岁之前的孩子来说，知识储备至少包括一定量的地理历史知识、科学知识、文学知识和哲学知识。概括来说，就是"通识"。将世界的多面尽可能地展现出来，开阔眼界。

地理历史方面，孩子比较喜欢的书有：《缤纷世界儿童地图绘本》、《世界动物地图》、《希利尔讲世界史》、《希利尔讲世界地理》（这套书还有一本《希利尔讲艺术史》，但孩子兴趣一般，草草翻了一遍就放在一边了）、《林汉达中国历史故事集》、《中国通史故事》、《世界通史故事》。

科学方面，孩子比较喜欢的书有：《神奇校车》《他是怎么来的》《男孩的科学冒险书》《有趣的科学》。

文学方面不胜枚举，从绘本到小说，选文字优美三观正的就好。需要注意的是，在进入小学高年级之后，要培养孩子看长篇的能力。我的孩子是通过阅读《卡徒》迈上的这个台阶，214万字。文言文方面的阅读，请参见"小学打好文言文基础"。

哲学方面，孩子比较喜欢的书有：《写给孩子的哲学启蒙书》《苏菲的世界》。

以上列出的书单仅供参考。好书太多，遇到哪一本不过是缘分而已。常常带孩子到书店逛逛，同类书选他喜欢的就好。另有各种音频视频可选用，同样不胜枚举。博物馆也是好去处，行万里路更是。素质教育的核心是能力的培养。

Von曾谈到她听Leonard Sax讲座，十二岁时五个参数中哪个参数会同时决定三十二岁时的health、wealth、happiness。

五个参数分别是：

1. IQ

2. GPA

3. Self Control

4. Openness to new ideas

5. Friendliness and Agreeability

答案是：Self Control

非常感谢孩子的幼儿园。他在那里度过了非常愉快的三年，并且学到了受用一生的规则。

那个幼儿园的儿童行为规则是：

1. 粗野、粗俗的行为不可以。

2. 别人的东西不可以拿，自己的东西归自己所有，并有权利自由支配。

3. 从哪里拿的东西请归位到哪里。

4. 公共物品谁先拿到的谁先使用，后来者请稍等待。

5. 不可以打扰别人。紧急情况，一定要介入时，请学会说："对不起，打搅一下，可以吗？"

6. 做错事要道歉。有勇气向别人道歉，并学会要求他人道歉。

7. 学会拒绝别人，学会说"不"，也请学会尊重和接纳他人说"不"。

这些规则的主旨即在于培养自我控制力。

除了幼儿园的教育，曾经帮助过我们的书籍还有《我的感觉》以及

"贝贝熊系列"，为之后的哲学书阅读做了极好的铺垫。

边界清晰，能够接纳自己的个性与情绪，孩子就可以集中精力在有价值的事物上。太多的孩子把精力消耗在与外界及自我的斗争之中，这很可惜。

自我控制力之外，需要学习方法。

观察能力、理解能力与分析能力的培养依赖于讨论与实践。父母请放低姿态，陪伴与帮助。若成人一直俯视，扮演绝对真理，甚至用强迫的方式规定孩子"走正确的路"，会把孩子的发展局限在自己的见识之内，且剥夺了孩子自我成长的机会。

在讨论中，父母应致力于引导他建立思维方式，遇到问题时：（1）关注背景与框架；（2）提取有效信息；（3）分析逻辑关系；（4）发散与联想。寻找答案的过程比答案更重要。

在这个过程中，引导孩子查找资料，令他知晓可以去哪里寻求帮助。

另一个常见的现象是父母太过心急，分分钟不肯"浪费"，遇到问题迫不及待地甩出一个"标准答案"。然而很多事情原本没有标准答案，其意义也不在于寻找到一个标准答案。孩子需要试错，需要重复，需要空间和时间去将知识内化成能力，并从中建立自信。

是的，真正赋予我们自信的并不是所取得的成就，也不是旁人羡慕的眼光。真正的自信是敢于探索，并且不怕失败。身外之物皆可被剥夺，能力永存。

能力即自我。素质教育的最终目标就是帮助孩子构建自我。完善的自我体现于：孩子有自己的长期理想，有自己的短期目标，愿意并且知道如何去努力。日常能够自如地表达自己的观点，同时愿意参考他人的建议和意见，勇于实践，敢于承担责任。

素质教育的其他方面

谈了"素质教育和应试教育""素质教育"中的科学文化部分，再来谈谈其他。

其一是关于健康的教育，包括饮食与运动。

"贝贝熊系列"中的《科学饮食》可作启蒙读物。然而真正有效果的还是在日常生活中，身体力行，令孩子不知不觉中养成健康的饮食习惯。

2007版的《中国居民膳食指南》有10条：

1. 食物多样，谷类为主，粗细搭配；

2. 多吃蔬菜水果和薯类；

3. 每天吃奶类、大豆或其制品；

4. 常吃适量的鱼、禽、蛋和瘦肉；

5. 减少烹调油用量，吃清淡少盐膳食；

6. 食不过量，天天运动，保持健康体重；

7. 三餐分配要合理，零食要适当；

8. 每天足量饮水，合理选择饮料；

9. 如饮酒应限量；

10. 吃新鲜卫生的食物。

这几条看着都是老生常谈，一点儿也不酷。同样不酷的好习惯是规律生活，保证睡眠时间。

日积月累，方见成效。

对于运动，常有人问：孩子要不要学旱冰？要不要学击剑？要不要学……

个人觉得，哪一种运动并不重要，重要的是保持运动的习惯。项目孩子喜欢就去学，找正规的教练，预防运动伤害，就可以了。

找教练是因为一些项目需要一定的技巧。如果只是为了锻炼身体，跑步，爬山，扔沙包，踢毽子，有的是父母完全可以自理、不必破费还实打实做到"有质量陪伴"的运动。

其二是关于美的教育，包括音乐与艺术欣赏。

我的孩子学过四年的钢琴。学琴之初我便定好目标，只是为增加艺术修养。最初每天练习十分钟到十五分钟，越学越难有时要两个十五分钟。最后停止学习是因为到了中高年级，以升学为重。

孩子没有考过级。我的期望是他能读谱，能欣赏音乐，在不开心或者孤独的时候，能有"八十八个朋友"陪伴他。

其间最美好的片段之一是某次儿子弹琴，某人跟着哼唱起来。我们也曾在他的伴奏下跳舞。房间窄小，快乐无穷。

有时间的时候，听听音乐会。中山音乐堂每年暑期都有针对孩子的"打开艺术之门"系列专场演出，北京音乐厅也有"哆来咪"与"大灰鸡"系列。大些的孩子选择更多。

我们上过关于绘画的课程，四五岁的时候，培养些对色彩的感觉。他并不热衷，所以也没有继续。上学后图画课的作业一度竟成了难题，幸运的是，四年级他与一名爱画的同学做了同桌，耳濡目染，竟然有了极大的提高，日常也开始涂鸦。

这是意外之喜。自己爱不爱创作，我觉得倒没有那么重要，懂得欣赏，就足够。

读绘本是欣赏的初始。有些绘本的主题即是艺术，介绍名家名作。但其实好的绘本，其中的图画本身即是艺术。

好东西看得多了，也就有了品位。

年龄再大一些，要真正看懂艺术品，需要结合历史与文化背景。比如欧洲的艺术品，很多与希腊、罗马神话以及圣经故事有关。

国家博物馆常有特展，有时间就去看看。

记得在"启蒙的艺术"展览中，我与孩子站在一幅画前良久，不由自主地被吸引。那是幅风景画，惊涛骇浪，更胜于实景。这便是艺术的魅力吧。

谈了这么多，素质共识的定义，我始终没找到。作为父母，无非是尽力给孩子打牢基础，并多开几扇窗，至于他的人生如何，还需他自己发现与探索。

家长的角色

谈到家长指导孩子学习，往往就是这样的一幅画面：孩子坐在桌前，家长坐在桌边，一盏台灯，一摞书本。

陪读。陪着上课，陪着写作业。感觉很辛苦甚至有些酸楚。这些事情在某种程度上不可避免，但如果家长把精力都集中在这部分，就舍本逐末了。

替代孩子去做事，往往导致孩子能力的缺失。

而管理中的大忌，就是永远站在背后的管理。生生地把一个帮助者，变成了监督者。不仅不利于孩子的成长，还容易导致双方的对立。

相对于孩子来说，家长的优势是能力和阅历。

家长应该做的是：管理日程安排；优化学习习惯；提供各种资源。

管理日程安排

孩子有目标，但往往现实和目标的差距有点大。常听到这样的抱怨："他想是想的，但做不到。"不过很少有人能在年龄个位数的时候就能厘清长期目标和短期目标，确定计划并一丝不苟地执行吧。

家长来主导分割任务，管理日程，并在进行中根据实际情况调整。主导的意思是，做这些事的时候，要让孩子参与进来，这个过程其实是另一类更重要的学习。因为这条实现目标的途径，是放之四海而皆准的。

要计划得以执行，一个小技巧是反馈及时。让孩子能够切实地感觉到自己的进步，这样才会有动力日复一日地走下去。

优化学习习惯

学习是个技术活儿。我认为有两个指导原则：一个是诚实，一个是认真负责。

具体的方法是：

1. 学会记笔记。记笔记的过程是提取关键信息的过程。同时，确定各个信息间的逻辑关系。这个过程，非常有利于理解和记忆。

2. "插花式"练习。过去通常一味鼓励坚持，我有恒心我有毅力。但根据科学研究，插花式的练习效果更好。例如，持续某项学习几小时，效果就不如穿插点其他项目或者将学习内容分段休息十分钟后再继续的好。

3. 根据遗忘曲线进行复习。具体方法请搜"遗忘曲线"。也不必刻板，记得时常回顾学习内容就好。

提供各种资源

现在社会的资源不是太少，而是太多了。如何筛选，原则是根据孩子的需要，不能跟风。

我曾接到这样两个电话，都在问："我该给孩子报什么班？一对一好不好？我听说谁谁去了某某机构，我们是不是也应该去？"

尚未起兵，先乱了阵脚。而后出于焦虑心理，往往一股脑地招呼过去，让一只鹰抓八只兔子，这不是难为人吗？

筛选资源是家长必须做的功课，没有人可以替代。确认期望值（要具体），依据孩子情况（要现实）。

确定之后充分利用。实际上，能在市面上站住脚的课程，不管哪一个，能够完整地不打折扣地坚持下来，孩子都应该学得不错。怕就怕患得患失，浅尝辄止，来回拉抽屉。

关于家长的角色，如果出现以下的情况：家长比孩子着急，家长学得比孩子好。就说明需要调整状态了。在这个闯关游戏中，家长扮演的应该是幕僚，不是主帅，更不是急先锋。

关于课程和老师

常有人让我推荐课程和老师，部分人抱有不切实际的期望。

比如说孩子没有数学思维，希望老师可以点拨一下。

老实讲，把孩子当作豆浆，想找碗卤水，点一下豆浆就成了豆腐，这种奇迹，我在现实中没有见过。

还有人要求，课堂上，老师要把孩子完全地教会。

记不住不让走，这倒是有可能的。比如有些机构，特别是外语机构，打的是严格牌，听写单词，错的抄二十遍，再不会平方，再不会立方。但"教会"是伪概念，知识从来不是靠"教"能掌握的。

一个课程，如果当堂能掌握60%~80%，我觉得是比较合适的。如果能100%地掌握，那么这个课程对他来说太简单了；如果低于50%，上起来会比较艰难。

功夫其实在课外。

孩子的奥数老师雷霆有一个教学要求：在上完每一堂课之后，把所有的例题和练习都重新做一遍，再做作业。在这个过程中我发现，即使在课堂上做对的题，课后也未必能独立完成。看似"教会了"，其实并没有完全掌握。

这并不是老师的无能。我个人最欣赏雷霆老师的一点就是，他能够把知识点拆分到最小关键点，包括之前的相关，都给予强调和反复练习。但老师只能令孩子知道，并不能令他掌握。

即纸上得来终觉浅，绝知此事要躬行。

所有的质变，都要在量变的基础上。量变这件事，没有捷径。

那么是不是老师不重要呢？当然不是。老师是那个指路的人。指向的是广阔大地，还是丛林沼泽；带上的是康庄大道，还是崎岖小路，区别很大，但路，终归是要自己走。

老师的作用如下：

一是引入新的知识点。这个无须多言。基本的要求是把这个知识点讲清楚，好的老师会有铺垫，即分析这个知识点的来龙去脉，知其然，知其所以然。这并不必然会提高课堂正确率，但对于孩子的思维建立是有好处的。

二是提出能力要求。阶段目标是什么，要达到这个目标，具体操作是什么。给予指导，比如对解题过程的要求。这要求老师应展示标准——要让孩子画葫芦，至少得给他一个瓢做参照。遗憾的是，多数老师对孩子有要求，但很少有老师能拿出明确具体易于操作的标准。如果遇到了，一定要珍惜。

三是解答孩子的疑问。相当于教学的反馈。有了反馈，以及对反馈的应对，学习才能螺旋式地上升，而不是一条直线。这条是保证学习效率的关键。但反馈的个性化比较难做到，通常是以班级为单位做整体的调整。

对孩子来说，能知道自己哪里不会，并且知道去哪里寻求答案和帮助，是自学能力的核心。也就是说，个性化的反馈与调整，最终要依赖于孩子自己。这不是限于条件的无奈选择，而是正确的发展方向。总要抛掉拐杖，才能奔跑。

在具体的知识点之外，好的老师展示了一个境界。这很难用言语来形容，记得儿子曾经说："啊，原来还可以这样！"——这种打开一扇窗的感觉，很酷。

不过学习本身不是一件"很酷"的事。不但说起来不酷，做起来也比较平淡，无非是"坚持"二字。

关于博物馆

学校组织的博物馆活动常常时间偏短，甚至参观时间与来回路上时间持平。然而这种活动的组织仍然是有意义的，它提供了一种行为引导。

在北京长大没有去过国家博物馆的孩子不在少数，这很可惜。相对而言，自然博物馆、动物博物馆、古生物博物馆、科技博物馆、天文馆等低龄即可享受的博物馆往往更为热闹。小学中高年级之后，孩子们往往忙于学习。但这个年纪，恰可以开始正经地去逛博物馆了。

北京最值得逛的三个博物馆：国家博物馆、首都博物馆、故宫博物院。

国家博物馆的常设展览中，"古代中国"最值得一看再看。"古代中国"展品众多，即使走马观花也需要半天的时间。最理想是中午十二时左右开始，通常会有工作人员和志愿者在此时开始讲解。根据个人的参观经验，志愿者明显比穿制服的工作人员讲解得丰富生动。国博的网站上列有馆内注册志愿者讲解的时间表，周末也常有其他志愿者出现。

其他用来给文化打底的常设展览还有"中国古代青铜器艺术""中国古代玉器艺术""中国古代瓷器艺术""中国古代书法""中国古代佛造像艺术""中国古代钱币"。

现在国学正盛，孩子们接触的往往局限于文学。文学源于生活，古物，便是古代人的生活。博物馆里可以给孩子提供直观的感性认识。

常设展览展现了一个基本的文化脉络，特展则是集中展现一个时期或者一个主题。博物馆的网站上会有特展的预告，可以选择自己喜欢的来看。

譬如国家博物馆曾经举办过"江汉汤汤——湖北出土商周文物展",展览分为青铜器和乐器两大部分。其中青铜器主要作为礼器,乐器则包括了"八音"之金、石、丝、竹、匏、土、革、木的全部种类,殊为难得。

国家博物馆还承担中外交流的责任,常有外馆的特展。例如,"地中海文明"是与法国卢浮宫合办,将地中海东西岸的古希腊语系文明与拉丁语系文明、南北两侧的伊斯兰文明与基督教文明作为一个共同体进行展示。

相对国家博物馆而言,首都博物馆突出北京的本地特色。

最值得看的展览是"古都北京——历史文化篇"。首都博物馆布展要比国家博物馆细致亲和,体现在这个展览上,在北京的时间轴之外,还额外增加了世界历史的时间轴,可供孩子们寻宝。

同样也有青铜、玉器、瓷器、佛像的基本展览,侧重于北京地区。也时常举办各种特展。首都博物馆的特展往往寓教于乐,更易被孩子们接受。

故宫博物院在公众印象中基本作为一个旅游景点固化,近年来它正一点点地突出自己的博物院的属性,《石渠宝笈》更是吸足眼球。因为有《清明上河图》参展,多有人凌晨去排队,等到开馆去看的通常需要排队七八小时。

孩子们不必如此,看一些常设的展览就好。故宫博物院的电子化在北京三大博物馆中做得最好,几乎每个展览在网页上都有详细讲解展示,甚至出了清代皇帝服饰的 APP,寓教于乐。故宫博物院还有淘宝店,销售有趣的周边产品。

常有孩子觉得博物馆枯燥无味,因并未得到背景知识和足够引导。

中国史推荐林汉达所著的通俗历史读物和《中国通史故事》用来入门;世界史可用《希利尔讲世界史》《希利尔讲世界地理》《希利尔讲艺术史》入门。

现在类似的书品种繁多，挑孩子爱读的即可。

年龄渐长之后，中国史方面随便读，世界史方面必须了解希腊/罗马神话和圣经故事。

将文物与历史相结合的，推荐两套书：《文物中国史》和《大英博物馆世界简史》。

这两本书的编纂角度不同。前者更符合中国读者的阅读习惯，以史为主，文物作为历史的证物；后者围绕一件件文物，进行充满想象力的解读与欣赏，通过物品去思考历史，并佐以缜密的推理与验证。

这两本书适合初中以上的读者。

顺便说一下，博物馆为保护馆藏文物，装有空气过滤系统，常年PM2.5在10微克/立方米以下。北京的雾霾天，去博物馆吧，大饱眼福之余，还可享受优质空气。

全民大战拖延症之二

上一篇《全民大战拖延症之一》，是孩子三年级下半学期的事。平稳过渡到六年级，在环境有了极大的变化后，问题又出现了。

六年级上学期，我们一直处在"作业永远做不完"的状态之中。六年级下学期，我觉得该出手了。

这次的切入点是程序。

调整程序、集中工作时间

孩子一般下午四点钟到家，晚上九点半洗漱。

上学期他的程序沿袭多年习惯：回家后看看书吃点小点心，大约五点钟开始写作业，写到六点半吃晚饭。某人回来得稍晚，在七点到七点半之间，这个时候他虽然吃完了还是会在饭桌边跟爸爸说一些学校的事。七点半开始再做一会儿作业，八点某人去散步的时候他要跟着去，等散完步回来，八点半多了……再做会儿作业……又困了。

六年级之前，每天作业量在半小时到一个半小时之间，多数不超过一小时，即使拖拖拉拉，也能完成。但现在情况不一样了。

本学期我把程序调整为：四点回家后吃一顿正餐，并看看书玩会儿。五点开始写作业，七点到七点半之间吃晚饭，这时候某人通常也已到家，可以一起吃饭散步，八点半回来还有半个多钟头可利用。

这样他下午有至少两小时写作业。且正餐吃得比较饱，不会时常摸零食补充。这两小时充分利用好，能够完成大部分的任务。完不成的，八点半之后再补。和爸爸一起吃饭散步，也保证了父子之间的情感交流。

把分散的时间集中起来，可以提高效率。

计划表的使用

由于任务较多且碎，我们用了两种计划表。一种是周计划，把一周固定任务分配到每日，以保证不会把压力都堆在周末。另一种是每日的效率手册，开始做作业前花五分钟，把今日的具体任务写一下，完成一项划掉。

明确任务，才会心中有数。

写下来是个神奇的过程。我一度用Kindle读书，做所谓电子笔记，后来发现远没有拿支笔边看边写印象深刻。

大概是写的过程，有手的参与，更多刺激。

避免到了睡觉前才想起：哎呦，今天还有一件事我没有做！

遇到困难怎么办

观察他写作业的过程，我发现一个大的问题在于当他遇到困难时会发呆，呆一呆五分钟就过去了……

这是个新问题。之前的作业都比较简单，很容易就写完了，现在就常常遇到难题。

思考需要时间，但单纯的思考往往浪费时间。

当遇到难题的时候先确定是哪里不会，然后即刻寻求帮助：翻阅笔记或查资料。在此介绍一本实用的案头参考书《知识清单》。初中数学往往难在概念不清，本书有梳理有总结，并有经典例题。

手边永备草稿纸，想到点啥就写点啥，写着写着就想出办法了。

亦请辅导老师加了他的微信，如果需要，可以求助。

不让一块绊脚石堵住整条路。

尚未解决的问题

另一个极费时间的问题是他在预习课文写生词查字典的时候往往东看看西看看……上学期在赶死线的时候我曾经插手帮他查，效率确实提高很多，但那种感觉很差。

所以，这个问题，还没有解决……

和同学家长讨论的时候，她说这也算学习的过程啊，查一个词，看了十七八个词。

我想了想，觉得也对。

毕竟我们的目标不只是写完作业，如果一味追求效率，将他变成作业流水线的工人，岂不成了"新摩登时代"？

快乐的事

某周日上午他和同学约了踢球，晚上他希望看《疯狂动物城》。我说好好好，但你要在周六把作业写完。

他做到了。虽然一路拖拖拉拉，但在晚十点整，他结束了任务。

当时我在翻微信，看到一篇批驳快乐教育的文章，顺口问他："你觉得学习快乐吗？"

"快乐啊，怎么会有人觉得学习不快乐呢？"他反问。

我追问："那你一下午一晚上都在赶作业觉得快乐吗？"

他斩钉截铁地说："那是我应该做的事！我赶完了！非常快乐！我为自己骄傲！　我为自己自豪！"

想法与行为

有朋友向我抱怨，孩子的随笔不肯让她看。

她一方面想知道孩子的作文水平，一方面也希望了解孩子的想法。

我手写我心，每一个人的文字间都隐藏着自我。所以，孩子不肯让父母看自己的随笔，其实是不希望把自己的想法暴露给父母。

用"暴露"这个词，是因为很多时候，孩子需要小心翼翼地掩盖自己的真实想法。怕说出来，引起父母的负面评价。

"你怎么能这么想呢？你太……"

这个句式谁也不陌生。

不仅出现在父母与孩子之间，它出现在各种场合。

每看到这些，我心里那个曾被指责的小女孩就会叹口气讲："可是人没办法控制自己的想法啊。"

况且，想法和行为，并不是一回事。

曾经孩子非常苦恼地问我："老师叫我们友爱同学，可是我确实非常讨厌某某某！我这么想是不是不对？"

被"道德"折磨的小孩，又惹人笑，又惹人怜。

他的痛苦是真实的。

我同他讲："你讨厌他，这不是问题。问题是你为什么讨厌他。"

他说了一些理由，我觉得是成立的。

然后我告诉他："我也觉得这个小孩挺讨厌的。"

"真的？"他纠结，"但是老师说要友爱。"

"是的。"我说，"你可以讨厌他，但你不能因为讨厌他，对他恶言相向，拳脚相加。"

想法一旦产生，就变成了"粉红色的大象"，越否认越膨胀。而行为，是可以控制的。

你有权利讨厌一个人，但没权利伤害他。

比如，你不喜欢别人的爱人/偶像，这很正常，但不能在别人的面前说三道四。

比如，你觉得别人做了蠢事很好笑，自己在心里笑笑就好，不能指着别人说："哈哈哈，你怎么这么蠢，你活该啊。"（说这种话容易挨揍，真的。）

比如，你不认同某一个群体——追星族、同性恋、家庭主妇、大龄未婚者……默默地走开就好，人以群分。

没有人的想法全是真善美。

有句老话说得好：万恶淫为首，论行不论心，论心世上无好人；百善孝为先，论心不论行，论行贫家无孝子。

在评价恶的时候，要评价行为；在评价善的时候，才评价想法。

父母应接纳孩子的所有想法。一如情绪。

接纳，并不一定认可。毕竟作为监护人，父母应担起指导的责任。

询问他想法的根源，分析合理性；把自己的想法与他分享，并说说自己为什么这么想；就同一类事，看看更多人的想法是什么，为什么。

切忌轻易评价。

否则，孩子怎么肯说出心里话呢？

培养独立思考能力的青春期版

语文期中考试的前一天，我找出篇阅读理解给儿子磨枪。

儿子大概看了看，问："能不能换一篇？这篇文章我不喜欢。"

文章的内容是捅马蜂窝的故事，大体是怀念童年生活。儿子的观点是："马蜂不会主动攻击人，且马蜂捉害虫，为什么他要去捅马蜂窝，还捅得那么开心呢？"

我拒绝了他的要求。理由如下：

1. 阅读理解考的是提取信息的能力，无须评判对错；

2. 不能只看三观正（好和你一样）的文章，这会令人狭隘；

3. 读懂和你想的完全不一样的文章，知道他在说什么，知道他为什么这么说，很重要。

一言以蔽之，不要让好恶影响了判断。

孩子的世界黑白分明：这个人是好人还是坏人，这件事是对还是错。但到了十几岁的年龄，要逐渐看到，黑白之间，还有深深浅浅的灰。

道理总是简单，世界却往往是复杂的。

没有人能避免在内心预设立场，是否能意识到这一点却至关重要。只有意识到"我带有偏见"才会去寻求不同立场的看法，而这是"独立思考"的必要背景。

有些人的所谓搜集意见、所谓思考，只是在不断地寻找同类、寻找支持，印证自己的观点。

对心智不够成熟的人来说，不同意见令人痛苦，阅读的过程中会感觉每一句话都是对自己的攻击（尽管大多数时候作者并无此意）。

但这是令心智成熟的旅程之一。

成年人未必具有成熟的心智，特别体现在被孩子挑战的时候。

常有家长向我诉苦，认为孩子随着青春期的到来变得不可理喻，他们把"那可不一定"之类的话挂在嘴边，不再对家长言听计从。

被质疑总令人不安。但从孩子的角度来说，怀疑是独立思考的第一步。家长应该欣喜才对，虽然他们的质疑往往幼稚偏激。

能看到有些成年人也发出类似的质疑，问题具有一贯性，即：以个例代替全体。

当我们在谈规律的时候，谈的是概率，两个平方差以外的例子不具备讨论价值。

比如，以马云的例子来证明"成绩好并没有用"。

认可孩子所说的个例，并引导他看到全体。

孩子容易陷入的另一种误区是在所有的事情上寻求"目的性"。

为什么会发生？他们是故意这么做的吗？他们为什么会这么做？

如果在青少年时期不解决这类疑问，成年后就容易接受"阴谋论"，总有刁民要害朕，帝国主义亡我之心不死。

必须认识到，很少有力量能够贯彻一个"大计划"。这世界大部分事情都是各种力量博弈的结果，而且具有随机性。

与此同时，大部分人都是随波逐流的。

走向意图的背面是常有的事。

写到这里我很同情青春期的孩子，他们从混沌的幼儿期挣扎出来，刚刚理顺了世界的逻辑关系，又得学着接受，还有一些事情的发生纯属偶然，没有理由。

长大真是件辛苦的事，请多爱他们。

畏难与自信

我曾在分答里回答问题，有一个问题受到了颇多关注。

babe问："五岁半男孩每周乐高街舞钢琴各一小时课，抗拒上课，畏难不愿意努力多尝试，每晚全家学习时只爱自己拿手的。"

限于分答的设计，只给回答者一分钟的时间。精简了又精简，我的回答如下：

"畏难情绪对五六岁的孩子来说是个普遍现象，从卖萌到卖艺，人得有个适应过程。

课程的事，如果是父母选的，孩子上了两三次依然不喜欢，就退了吧，强扭的瓜不甜。街舞不行，咱再试试篮球。如果是孩子选的，开始挺有兴趣，难度上来就退缩，那不行，必须上满一期，得为自己的选择负责。

注意老师的因素，这个年龄的孩子，对老师的好恶，会极大地影响他对课程的好恶。

只爱自己拿手的，这也很正常，谁喜欢失败呢？家长要让他在失败中也能得到正反馈。夸奖他的小小进步，让他看到自己有什么收获，多表扬他的努力，让他知道这种行为能得到认可。这样他才会敢于尝试。这事不是一日之功，但反复强调，一定会有效果。

这是个家长值得重视和努力的问题。"

有二十五人偷偷听了答案，三人"呵呵"。

"呵呵"的意思应该有不赞同的地方。分答的弊端在于不能留言，没有反馈。其实负反馈也挺重要，真的。

展开说两句。

畏难情绪是情绪的一个组成部分，应源于人类的自我保护机制。啥都不怕，啥都敢干，那才真正可怕。

怕受伤，才裹足不前。当然，家长所在意的畏难情绪，通常会受的是精神上的伤。

尝试新的东西，往往意味着失败。如果孩子已把失败的经验与被嘲笑、批评链接在一起，超越他与生俱来的好奇，显然他就会抵触尝试，所以，务必淡化失败。令他认识到，失败只是寻常，是在积累经验。所谓自信，不是觉得自己什么都能做得好（那叫狂妄自大），而是不害怕失败，并且能够坦然面对可能产生的沮丧、伤心、难过、烦躁等负面情绪。

家长帮助他积累渡过难关的经验，令他觉得，喔，失败也没有什么大不了，从头来过好了。会混乱，但能捋清；会失落，但能渡过；会急躁，但能坚持。"办法总比问题多，这个不行试试那个。"

积累成功面对失败的经验，畏难就会少一点儿。

把视线更多放到努力的行为上，无论结果如何，努力都值得大力表扬。

不仅孩子，成年人畏难也是普遍现象。我清晰地记得自己真正克服畏难情绪是在有了孩子之后。因为我知道没有人能替代我，任何人都可以放弃他，我不能。

因为身后一无所有，只能硬着头皮往前冲。就算被现实打倒，也只能爬起来，擦掉血污继续。

从这个角度来说，孩子可以畏难，也是因为身后有父母可以依靠——这么想想，还真是羡慕他们啊。

最后，录方想新作《五行天》里的一句作为结束，清夜问："因为事情很难，所以我们就不做吗？"楼兰反问："我们做一件事，不是因为它是我们的目标，而是因为它很容易吗？清夜？"

搞砸了，怎么办

我去牛大馆开家长会的时候，看到孩子和他的三个好朋友在一楼办公室沙发上玩。我和他们打了招呼，就上楼去。

楼上有一个长廊，顶头是要开会的音体美教室，另一头是儿子班级的教室。

时间还没有到，我去孩子教室，从走廊上的窗户往里看：教室里有一个小孩在忙；睡眠室里小枕头小被子叠得整整齐齐，孩子的床在那里。

心里有些说不出的滋味，就像刚生了他，肚子里空了的感觉一样。虽然软软的抱在手里，但到底是分开了。

走廊的尽头，原本有楼梯通到下面，后来因为安全原因，安了门，锁上了。由此产生了一个转角。

转角那里，站着一个男孩子。

我不认识他，大约是新生。

我和他打招呼：玩呢？

他伸出手来给我看，一把的"毛毛虫"。

我说：你不怕？我特怕这种毛毛虫。

他说：不是毛毛虫，是树上长的。

我说：我知道，但看着像毛毛虫，就觉得怪痒痒的。

他说：没事的。

我说：我要走了，你还待会儿吗？

他说：嗯，我还待会儿。

我是觉察到他有些紧张，故意与他攀谈。他也就很镇定地同我说话。但我的眼睛发现不妥之处，他的裤子湿漉漉的。

转回头我去找老师，告诉他有个孩子尿了裤子，请他去处理一下。

记忆力好的人，会记得小时候的事情。这个男孩，也许永远会记得，一个早春的下午，他出了"意外"，尴尬得不知如何是好，只能躲在楼梯的拐角，默默地期待时间过去，期待奇迹出现，期待这一切不过是一场梦而已。

其实，事情并没有想象的那么浪漫温馨，当我找了老师，老师急忙过去处理的时候，我不敢回头去看。

我怕那个男孩有"被人看穿"的尴尬。

所有的人，都希望留给别人好印象。若自以为掩饰得很好，而后发现只是别人在迁就、在容忍、在礼貌地敷衍，会更觉伤了自尊。

能不知不觉中化解别人的尴尬，是一种艺术。不仅要有善意，更要有生活经验积累。我尚需学习。

孩子往往有这种尴尬。他们的心理发育的速度超过身体发育，会时常觉得身不由己，达不到理想，偏又极敏感。

若是成人不能体谅，加以嘲笑指责，孩子不是恼羞成怒、乱发脾气，就是越来越满不在乎，破罐破摔。

要教他们如何处理"意外事故"，如何面对错误。

这篇提到的问题更值得深谈。

九年过去，周围的孩子中已有人与父母绝口不谈问题与困难。在学校犯了错，第一句话是："老师您怎么罚我都行，就是别告诉家长。"

有的父母是受到观念的误导，认为若总有人收拾残局，孩子会为所欲为，以"让他自己承担后果"为名不闻不问。有的父母是本身控制不住情绪，一看到"脱离正确轨道"的事情便大发雷霆，给孩子带来的困扰比事情本身更大。

画一下重点：生活中总有意外，孩子也总是在"错误"中成长。家长有责任教他们如何处理"意外事故"，如何面对错误，面对不如预期的结果。

写到这里的时候，我突然意识到，这些，也是家长要面对的意外事故和不如预期的结果啊。请（与孩子一同）直面惨淡的人生。

遇到问题要判断轻重缓急，是能够自己解决的，还是需要别人的帮助。要学会求助，并在求助中学习。

相应地，家长如果第一时间已注意到问题，请冷静观察，看这个问题他是否有自己解决的能力，如果有可能，就等待；如果显然没有，就等他来求助，或主动提出帮助，展示这个问题的有效处理方法。

解决同样的问题，我会教孩子三次。好吧，不止三次，教会为止（一个没有原则只看效果的我）。

不同的问题有其具体的处理方法，但有两点是必要程序：

一是确认事实，帮孩子梳理"为什么会发生这个问题"。

二是稳定情绪，害怕、伤心、失望、气愤……负面情绪也是正常的情绪，不必大惊小怪。

承认犯了错，承认能力不足，都是不容易的事，如果家长不能够体谅，对这种需要莫大勇气的态度不给予肯定，反而责怪"你怎么又搞砸了"，只会让情况变得更糟。

解决问题总有套路，教孩子熟练使用这些套路直到变成自动的应对过程。

而不是每次都：震惊！崩溃！无助！把情绪的发泄当作问题的处理。

如果家长的能力不足以提出有效的建议和解决方案，请"共情"，然后与孩子一起求助能够解决问题的人。

随着孩子的年龄增长，问题会越来越复杂。有些问题爆发是一时的，问题的造成却是长时间的积累，解决也需要长时间的努力。对于任何人来说，在日常防微杜渐保持自律都比问题爆发后承受一次暴风骤雨难得多。

孩子需要鼓励与适时提示点拨。

　　我常常会接到家长的私信，诉说孩子的种种问题。阻碍这些问题解决的关键往往在于父母与孩子难以沟通，任何措施都会导致反感。

　　走到这一步，想缓和关系，重新取得孩子信任，就比较艰难了。

　　不过，既然已觉今是而昨非，再难，也要做正确的事啊。

　　至于顾虑总是帮孩子解决问题会造成孩子的依赖心理，是混淆了帮助与替代。越小的孩子越需要父母的关注与帮助。对于青少年，理想父母是张安全网，用得不多，但他知我们在，关键时刻，兜得住。

你的孩子放不下手机吗

　　常有人问我这个问题："你的孩子放不下手机吗?"

　　大概是周遭孩子普遍到了要配手机的年龄。

　　谈及这问题我有点惭愧。我们家，我才是放不下手机的那个。特别是在外吃饭的时候，屡屡被"教导主任"批评。

　　嗯，"教导主任"是我给儿子起的外号。

　　不知道是不是因为我太不靠谱，迫使儿子不得不靠谱起来。

　　他在一年前买了自己的手机。当时我们说最好不要用手机玩游戏，他说那就不要装吧，如果装了肯定会想玩。

　　真的。他在毕业旅行的途中，最开心的就是拿同学的手机玩游戏。

　　但是平时，确实不会总惦记手机。

　　物理隔绝，是有效的。

　　不要考验自己。我私下觉得，没有人能抵制触手可及的诱惑。

比如夏天的晚上，看电视的时候，如果茶几上有零食，我就忍不住会吃。要站起来走几步去厨房拿，吃的概率就会降低至少一半。

而慎独，是非常难的。

某人在家的时候，我们互相提醒着，通常会按时睡觉。

某人出差的时候，我屡屡玩游戏看小说到午夜。电话过去，那厢他在看武侠片。

君子不欺暗室，可惜做君子好难。

自己都做不到，就不要要求孩子了。

自控，是一种能力。不会一朝获得，也不会永无希望。

如果以品行的名义，要求孩子放下手机，恐怕是不可行的。

但总有事情比手机更好玩、更有吸引力。比如我在这里，写下这些句子。我的手机，在另外一个房间。

没有自己想做，又有趣又有成就感的事情填空，哪那么容易放下手机呢？

欲望冲动与理智克制，作为人的本能始终会并存。

而每一个人，都需要别人的监督和帮助。

在这里我要谢谢"教导主任"，虽然我总是强烈地反抗他的控制，完全不顾个人形象，已经从一个无所不能的"神妈妈"，变成了一只死皮赖脸的"熊妈妈"。

但是，在他锲而不舍地劝说（叨叨）下，我开始锻炼并坚持了一个月了。

并且，在外面吃饭的时候，在放下筷子之前，（基本）不看手机了。

他也没有什么神奇的招数，也就是"温柔而坚定"地提醒，不生气，不放弃。

写完这些文字，我要去练"天鹅臂"了。

当然，与录影的"天鹅"相比，我只能算肥鹅扑腾，但"教导主任"从来没嘲笑过我，并且从头陪我到尾。

与君共勉。

第三章

CHAPTER 3

小学·学年总结

幼小衔接和传统教育体制下的生存

养孩子就像考试，考的都是你没有准备到的

话说我第一次感到焦虑，是缘于在开学典礼上同周围的妈妈聊天，听说某个和儿子同期上学的小孩子拿到语文书后从头读到尾，几乎没有一个生字。原来心里知道有差距，不过多少带着点侥幸心理，但现实是玛丽亚娜大海沟近在眼前。

后来我发现，"文化程度"特别高的孩子也是少数，大多数孩子都是认了不少字，写过一些字，拼音基本掌握。

儿子当时认字的程度尚属中等，但书写和拼音都差了一大截。

大约在上学一个月后，老师找我谈话，要多注意孩子的书写问题。

我诚惶诚恐地说明孩子之前上的是蒙氏园，从来没有写过字，所以和上传统园的孩子有差距。我们正在努力地赶上队伍。

老师给我回了个短信："别着急，我都感觉到他近来是不如刚来那一个月趣事多了。开始每天都缠着我，可开心呢，最近可能学习任务在增加，写得多了，他得到的表扬就不及同学多。因为人家学前基础厚，所以趣事都少了。别在乎这些不重要的事了。他读的幼儿园的孩子后劲大，就是开学的前半年有点累。"

这个短信我一直留在手机上，能遇到这么理解孩子的老师是孩子的福气。但并不是老师说了"别在乎这些不重要的事了"，就真的可以完全放手。有些事情几年以后确实会变得不重要，在眼下依旧是重点任务。

对于一个孩子来说，字写得好不好还谈不到什么书法。要求不过是"横平竖直"，在田字格里"上有天，下有地，左右有间隙"。可听起来容易，做起来难。他的作业本经常是写了擦，擦了写。对于笔顺，老师要求"严而不死"。他在开始的时候，却是完全没有章法，和画画一样，不一定从哪里起笔。所以在开学的一段时间，我是搬着椅子坐在他的身后看着他写字的。

这种督工的做法在他上学之前我几乎不能接受。主导思想是要让孩子自己学，要培养孩子的自觉性。然而现实情况和预想不同。我不得不充当了孩子的拐杖。这个拐杖当了两个多月。慢慢地过渡到他自己写，写完了我检查，写得不好的、写错了的擦了重写。

孩子的字在学期中后期总算写得差强人意了。这个时候又出现了新问题，他开始不认真，一行字里有的写得很好，有的就东倒西歪。我们为此发生了冲突，以严厉的批评和眼泪结束。而且开始大量做卷子后，在田字格之外，如何保持整齐也是新的任务。

不完全是态度问题。对于整齐的要求并不自然预设在孩子脑海里。他也不知道如何能写得整齐，其中的技巧包括：预先想好位置，控制字的大小，等等。

在这件事情中我发现他学前教育中的一个短板：模仿。

模仿在教育新观念中不太被提到。与之相反，传统学前教育中最令人诟病的、流传甚广的就是在美术课上老师说："来，今天咱们画太阳，先画一个圆，四周放金光……"这种做法禁锢了孩子的想象力，造成了千人一画的后果。当年为了避免这种情况，孩子在四岁左右的时候我曾经带他去上"艺术儿童"的绘画课，在那一年里，他的收获是对于色彩有了初步的感觉，我的收获是认识到此名同学在绘画上没有什么特别的天分。之后由于他的反对，我们没有继续这个课程。而在幼儿园里，由于采取的是"想学的小朋友主动学，不想学的小朋友不要求"的理念，他的美术教育停滞不前。直到学龄前，他的画还完全没有轮廓。停留在五官不全的火柴棍人，圆不成圆，方不成方，画个心形像歪瓜的状态。

我儿时十分喜爱美术，没想到会有个不爱画画的小孩。有点遗憾，但在学前觉得这是人各有好，没有意识到这其中显现出的问题。

直到写字成为我的心头大患。

字写得不好，和画啥不像啥都表现出他案头模仿能力差（案头模仿能力这个词是我生造的）。

模仿包括了观察能力和控制能力。观察事物的特点，控制手下的笔。

有绘画天分的孩子在没有经过训练的条件下能敏感地抓住事物的特点，在小肌肉控制力不足的情况下也能做到形不似而神似。反对千人一画的主要目的，应该就是怕求形似而失去了神。画形，一物只有一形，而画神，一千个人有一千种画法。形似是匠，神似方动人。但是当达·芬奇缺席孩子的抓周会，我完全放手让孩子自由发展的做法得到的结果是无神也无形。

孩子在美术课上画了一幅画，他告诉我老师说他画得不咋的，我心里觉得这老师怎么能这么说呢，于是把画拿来，鼓励他："画得不错，色彩饱满，瞧这小猪，多可爱啊。"话音未落，孩子表情尴尬地说："妈妈，那是小熊维尼……"他爹忙打圆场："从衣服上，还是能看出来的！"

扯远了，我想说的并不是画画。

画画，只是个载体，同时也成为训练的方式。观察力是可以训练的，小肌肉的控制力是必须训练的。我给他买了一本《儿童简笔画大全》，这个假期让他每天临摹上一两幅，并涂色。画了一周多，有所进步。大体能看出画的是什么了（要求真的不高啊，同志们）。涂色也能涂在轮廓内了（其实练的也是细心和耐心）。所喜是他颇有创意，善于组合，画甲虫就加片绿叶，画狐狸居然举片西瓜题为二合一，画条鳄鱼居然顶着熊猫玩杂技。

与此同时，我俩一起练字，他做"写字本"的作业，我写宋词。与他共同讨论字的特点，例如同为长方字形，"回"字略扁，"目"字瘦长。努力做到不缺笔画，不拥挤，不分家（再次感慨，要求真不高啊真不高）。

期末考试前老师找我谈话，说孩子的知识掌握完全没问题，考试中减分的主要原因就是书写。我把这话说给他爹听的时候，他爹说：你告诉老师，我们学前就没写过字……我打断他的话，说：开学一个月这种说法可以接受，已经上了一个学期了再拿这个做理由，就说不过去了。

所谓幼小衔接，各有各的问题。遇到问题的时候，不埋怨孩子，不懊悔自己，找出办法，就有出路。我们最大的问题在书写上。如果时间能够倒转，我会在他学前的半年加强这方面的训练。（贯彻家庭教育要弥补幼儿园/学校教育短板的原则。）半年应是比较合适的时间，过早开始，达到同样效果会花更多时间，性价比不高。但世上哪有回头路，学前没有做，上学后补起来也完全来得及。

幸好除了N疏，尚有百密

除了写字以外，孩子在幼小衔接方面没有遇到其他大的问题。他刚上学的时候，我常常被人问到"孩子适应得怎么样"。大家之所以这么问，是因为他曾经就读的是孙瑞雪教育机构旗下的幼儿园。幼儿园的宗旨是"爱和自由"。对于这类幼儿园毕业的孩子，幼小衔接常常会令人担忧。

对于任何人，适应新环境都需要时间，都会遇到困难。特别的担忧应源于对幼儿园和小学的刻板印象。

提到爱，就联想到溺爱；提到自由，就延伸到放纵。这属于疆界的混乱。事实上，一个得到真正的爱的孩子，他会爱自己，对自己有信心。一个在真正的自由中成长的孩子，他的力量是扎实的，由内向外的，他可以自控，自己掌握发展的节奏而不是盲目地跟着家长的脚步。这样的孩子，会比一般的孩子更能适应不同的环境。

这半年来孩子也遇到了些挫折，例如第一次语文考试就考了倒数。但他从来没有气馁过，没有对学习厌恶过。几乎每一天都很开心，即使在考前最忙碌的时候也懂得自寻乐趣。

这应该部分归功于幼儿园教育打下的坚实的心理基础。

另有一部分，归功于钢琴的学习。

他在五岁四个月的时候开始学习钢琴。开始的时候我也是抱着试试看的想法，有那么好的条件，给孩子一个机会。我不知道他是否喜欢，能坚持多久。现在看来，这是我为他做的最好的事之一。

每天坚持不懈地练琴给他养成了好的学习习惯。更重要的是，在学琴的过程中，我们预演了克服困难的过程。

在弹琴时，他哭过很多次；在写乐理作业的时候，他摔过笔，发过脾气。彼时我抱着他，安慰他，鼓励他坚持，要求他坚持。

他确实坚持下去了。

学琴只是个表象。

无论认真学什么，都会遇到这个问题。即使不学什么，在非常规生活状态，需要处理复杂状况的时候也都会遇到这个问题。这个难关，存在于人凭本能和聪明可以应付的范围边缘，需要意志力来参与。有的人一辈子都只靠本能反应活着。表现在学习上，是被老师家长的要求推着走；表现在社会方面，是人云亦云，缺乏独立思考的能力；表现在人际交往中，是被自身情绪控制，被他人情绪影响。

这是时间解决不了的问题，需要家长的引导。接受孩子的情绪，认同"真的是挺难的啊"，并引导"怎么才能做到呢""你想我怎么帮助你"。家长如果不能接受孩子的情绪，说出"一点儿苦都不能吃，你能干成什么事""你就是不爱学习"，强迫孩子更多地练习，在开始也能达到眼前的目的，例如学会某个技巧，但长此下去，会把学习本身变成苦役。孩子在心境上没有突破的话，难关只会越来越多。

学琴到半年左右的时候，也就是在他开始上学之后，我不再陪练。一方面是我本身五音不全，陪得很吃力，怕给教岔了。另一方面，也是希望他能有一个独立的学习经验。

在学校及其他课外班的功课上，家长的干预必不可少。家庭的辅导对于孩子的学习来说占有相当大的比重，甚至可以说是孩子最终成绩的决定性因素。对此我开始不太能接受。本能地认为我们小时候都是自己学自己做，这样才能培养出学习能力，而不是一味地跟着谁的指挥棒转，动手不动脑。然而之后我发现，我不干预，孩子不能达到课程要求的进度和水平。

所幸亲爱的钢琴老师给我们比较大的空间。

只有在钢琴课业上，孩子做到了上课独立和老师沟通，在家独立读谱、练琴。走了不少弯路，曾经在课堂上被训得灰头土脸，review过不少曲子，但这些经历都是有价值的。

在钢琴课上了一年半以后，在孩子的要求下，我又开始陪练了。原因是乐理学得越来越难，他的理解程度跟不上，有时候需要我的帮助。可见学习没有定规，只有阶段。

我们在失败中学到的比在成功中更多。只可惜现在的孩子往往没有犯错误的余地。他们走的路是家长精心铺就的，事事力图多快好省。在学前教育中我一直在试图避免这个倾向，然而在上学后，我不敢再放手让他自己摸索，殚精竭虑地为他保驾护航，推着他跟上大部队，因为种种传言或是事实而焦虑，默默地期盼他能站在前列，并为此付出更多的努力。

我也怀疑这么下去，孩子会慢慢失去自主性，遇到困难不去想自己怎么解决，只要听命于人就好，不是自己要学，而是为家长而学。甚或到了青春期后突然不甘心做个陀螺，然而又无自身驱动力，轰然倒地？这样的例子不是没有，而是太多。

人生的悲喜剧就是一次只能有一个不可逆的选择，好在有不同的领域。

课程，校内的和校外的，以及对"国学"的一点看法

对于公立小学的课程，在之前我听到的信息多以"强加灌输""运动不够""作业太多"等负面消息为主。也许是做足了心理准备，孩子入校之后发现无论是课程还是作业，都基本在合理的范围之内，有些意外之喜。运动方面，每天都有课间操，每天也都有体育课（其中有一节叫形体）。

这些校与校之间会有不同，小区也有孩子上的是以压力大著称的名校，但那是求仁得仁。

孩子唯一觉得不够好的是科学课的教具。我同他说：这是免费的。他了然：喔，那就凑合吧。

一学期下来，一毛钱学费书费都没有交过。

在课程教学中，老师们也都很努力地在想各种方法启发孩子的思维。相应地，也会要求家长们配合。

学期前最好准备一台彩色的喷墨打印机，普通打印纸、带不干胶的打印纸各一包，还有胶条、双面胶，方便学具的制作。

常听到家长抱怨学校要求家长做太多，尤其是和我们这代人自己上学的时候相比。但是这种比较是不公平的。我们对学校的要求也高很多，对孩子的期许也高很多。

又有功夫用在学校之外。

课外班分两类，一类叫兴趣班。在不允许学校办托管班后，校外的培训机构与学校合作开设，以填补孩子三点多钟放学和家长五点多钟才能赶到的空间。在这种课外班上，多是一个老师对二十多个孩子，不太可能有什么深入的学习。如果孩子对某项特别感兴趣，会有个启蒙的作用。大浪淘沙，进去淘一下而已，不要对这种学习抱过大的期望。

另一类是比较正式的课外班，以语数外为主。教育机构纷繁芜杂，各有各的宣传。

我个人觉得除非孩子特别有天赋，奥数课程不宜开始得太早。孩子的数学思维发展有个过程，而市面上大部分的奥数教学都属于短平快的教学，并非启发式的引导。如果拔苗助长，思维方式不能理解，会陷入死背题型的圈子。另一方面，不学奥数，在学校的考试中又会遇到所谓的"奥数题"。比较好的方式是家长在奥数教材中选取相应的题型把思路教给孩子。有些题就是一层窗户纸，捅破了也没什么神奇。有些题需要引导，也很有趣，可作为游戏。

英语的学习要趁早。公立小学的英语虽然作为主课，但教学时间不多，对孩子的要求也不高。如果没有课外班作为补充的话，那么学来学去，也只是"接触"英文而已。英文的课外班选择非常丰富，我个人比较看重外教的资质，是否有教师资格，发音是否标准。大部分家长也会讲英文。我本人虽然过了六级，曾经的书面工作语言也是英文，但是现在要辅导孩子的功课，还要跟着进度重新回炉。这是因为我们学的英文不像学中文一样从生活中学，而是以语法为主线的应试教育。现在孩子开始得早，有机会自然地学习，把基础打扎实。不管上什么样的课外班，必须有这样的认知：老师只是提供一条线，要往线上穿珠子，需要家长和孩子的共同努力。完成老师布置的作业，根据孩子的进度在生活中夹杂英文对话，看一些英文的图书，营造语言环境，才不会变成狗熊掰棒子。也许随着孩子年龄的增长，孩子的自主学习能力增强，家长的辅助作用会越来越小。但就一年级的孩子来说，还是家长"扶上马，再送一程"的阶段。

当时我没有细致地了解过语文类的课外班，所以没有心得。孩子在语文方面的困难在于阅读能力。话说他从一岁多就开始"看"书，"看"过的课外书摞起来有他的两倍高。然而，有一个坎他没有自然地顺利地度过：从听人讲书，到自主阅读。这大概是照顾得太周到的缘故。只要他肯听，就一定有人愿意讲。我琢磨由听觉提供的资讯和由视觉提供的资讯，在大脑大概不是由一个区域处理的。很明显同一句话，哪怕这句话他每个字都认识，看到与听到的处理速度有明显差别。我现在所采取的方法就是让他多看，把睡前讲书改为睡前阅读。革命尚未成功，仍须等待。

在学校有门阅读课，没有教材，据说是在图书室上的。一度讲《弟子规》。谈到小孩子学《弟子规》《三字经》等，有两种说法。一种认为这些是顺口溜似的伪国学，上不了台面，误人子弟。另一种认为其中多有糟粕，属封建余孽，对孩子三观没有好处。不过我没有这么强烈的个人意志。听了，也就听了。孩子三观的建立会经历长远的过程，在其中起最大作用的是家长的言传身教，断不会被一本书误导了。孩子今后会接触更多，内含意识形态的书都不可谓绝对真理，需要去芜存菁地选择性接受，需要学会反问和探寻。

关于国学这件事，眼下很少人会去通读经史子集，更不要提学习五术六艺。去深入研究的已属专门人才。普及性教育的小学课程，其中的诗词古文也只能说是一鳞一羽地给孩子些印象。所以关于学习《弟子规》，不如看作入学教育，学个礼貌待人。

补充说明

回头看写下的这些，虽都是心中所想，然而杂乱无章。草草地记下来，只怕不写日子拖久了就忘了，先这么着，有必要的时候再整理。

再说两句关于孩子身体的闲话。入了小学，就不再有所谓的生活老师。要教会孩子打理自己，穿脱衣物，适量喝水。

随着孩子长大，慢慢地他们会远离我们的视线，要学会自己照顾自己了。要放手，却不能完全放心。

前两天有朋友同我说孩子没有感冒，但入夜咳嗽，口臭。其实这是孩子常见积食伤热的表现，算是亚健康状态。在这种情况下，稍感风寒就病了。作为家长略留点心，察觉病的端倪，适当调理，可以避免孩子反复感冒或者更严重的问题。

真正有病的时候要休息，缺课不是天大的事情。

一年级总结：摸索中

暑假像是一阵风呼呼啦啦刮过去，开学孩子就要上二年级了。回想过去的这一年，初送孩子入学时的忐忑犹有余悸，其间又有各种选择如水中踏萍，不知通往何方。唯有孩子的成长令人欣喜。

有的东西比学习更重要，因为那决定了我们是谁

学期中发生了一件重要的事，因为这事老师给我打了电话，谈了很久。事情发生在学校中午吃饭时，孩子打饭的时候把饭撒了。有几个同学帮忙收拾，而他，非常自然地就再去打饭，然后坐在桌子边开始吃饭。

老师问他为什么，他说："我饿了啊！"

听老师说这些的时候，我简直要羞愤自尽。

仔细反省，问题还是出在我们教育不当。在家中如果他发生了这样的事情，都是大人帮他处理，而他，该干啥干啥。这是从小沿袭下来的方式，我们忽视了一点：他已经足够大，该自己去承担责任了。

在家和他谈了这件事。明确了两点：(1) 自己闯的祸自己收拾。(2) 别人的帮忙要心存感激。

对"以自我为中心"的纠偏，需要持久地努力。

从更深层次来看，事情的发生和之前的教育理念也有关系。因为不满在旧教育中的孩子会为了打破杯子而受惩罚，觉得被苛责，结果走得太远，过于淡化"无心的过失"，怕对他造成"心理阴影"，造成了意料之外的结果。

孩子渐渐长大，之前教育的缺陷慢慢地显现出来。日后得一边打补丁一边前行。

老师给我的短信中写道："我接下来会小策略的！需要时间，需要熏陶浸润与触动的！"

"撒饭"事件发生后，老师一直在悄悄地观察他，发现他并不是对别人的帮助漠然，只是不知道如何应对意外情况。

又有一日班级上有小朋友吃饭时不在，另一名同学主动帮他把饭打好。老师问被帮助的同学什么感受，他在旁边说："和我一样，感动！"

我心里也满是感动。

所谓集体意识，互帮互助，就是这么着慢慢培养起来的吧。

对于一年级的小朋友来说，课业倒在其次，最重要的是能培养出好的学习习惯及如何与他人相处。好老师，确实是灵魂的工程师。

课内学习

由于学龄前接受自由发展式的教育，孩子在上学时语数外都没有什么基础。在幼小衔接的文章里我已详细记录了我们在一年级上遇到的困难。针对字的问题，我们在一年级下参加了硬笔书法的课外培训班，状况大有改观。由于老师风趣幽默，在暑假里孩子就强烈要求报了二年级上的系列课程。可预见的将来，他会是我们家字写得最好的一个。（2017年注：并没有，陆续上了七八期课，一度写得很好，初中作业量一大，又不尽如人意了……）

我个人觉得一年级校内课程对孩子来说不会造成压力。

数学口算是基础，辅以简单的理解应用，重点在于概念要清晰。我曾经觉得孩子的错误多在于粗心，后来仔细分析，觉得从根源来看在于概念上的模糊，知道一点儿，但不透彻，才会出现"时灵时不灵"的现象。

语文从认字开始，慢慢过渡到词语、句子、段落。一年级下有简单的看图写话。我以为语文的进步要靠大量的阅读来积累。一年级下半学期，他终于顺利地过渡到了自主阅读。转折点是一套《丁丁历险记》。这是他自己选的书，因为有兴趣，才会反复阅读，每本书都读了几十遍，从读图为主到琢磨每一句话。自这套书开始，他又拿起我们曾经给他讲过的"贝贝熊系列"及《神奇校车》，等等。唯一令人可惜的是，特意为他准备的所谓"桥梁书"目前为止完全没派上用场。书架是敞开的，任他采撷。相信留有足够的空闲时间，他会从中发掘乐趣。

英语以听说为主，有简单的读，不涉及写。孩子由于在课外报了英语学习班，课内的英语不成问题。

课外学习

课外学习主要指在校外培训机构参加的为小升初做准备的语数外课程。

是的，自一年级起就开始考虑小升初。但压力应是家长的，与孩子多说无益。

虽然我仍然坚持认为，小学六年的学习，不应单为小升初，或者任何一场考试、任何一次机会做准备，而是在为孩子充满挑战的一生做准备。然而小升初是道绕不过的门槛，且这道门槛日益增高，与学校的课业差距越来越大。真是个荒谬的时代。有无数家长抱怨，然而也有人说：感谢奥数，让我爹不如人的孩子凭自己的能力考上好中学。

面对现实，徐徐图之吧。

1. 奥数

在幼小衔接那篇文章中，我提及奥数的教育不宜过早开始，现在我的想法有所改变。这缘于在暑假里两次旅行的间隙，出于"闲在家里生是非"的考虑，我给他报了"数学思维"的暑期班。他非常喜欢，喜欢到立刻要求把秋季课程也续上。比我原来计划的提前了一年。

老师的教学方式是重要的因素。我陪听了几次课，觉得那句"让专业的人做专业的事"熠熠生辉。有老师生动的讲解，同学互相讨论，效果比在家学习好得多。与之相比，我在家里给他讲那些奥数题，大约算作亲子智力游戏。

比较稳妥的方式应该是以开放的心态让孩子去尝试，如果效果不好的话就再等等看。只要家长不急功近利，孩子就不会有太大压力。

奥数对于小升初来说，是必不可少的敲门砖。即便入不了"金坑"（注：指当年尚存在的仁华学校），也为择校的考试（注：指当年尚有的共建考试）做准备。既然一定要学，就不急不躁地踏踏实实地一步步学下来。在与老学员家长的交流中，她们提及了一个需要注意的问题：培训机构的奥数课程有时会与学校的课程跨度过大，要有过渡。

家长在学习过程中应起到的作用是发现孩子的困难所在并帮助他想办法解决。

2. 英语

针对一至三年级的小学生，主流的英语课外班是三一口语和剑桥少儿英语。这两者都有相应的证书。我们没选这条路。

孩子上的是某国际连锁机构针对新一年级所开的S1课程。做选择时候基于三点：（1）课件非常好，与校内一年级英语课程联系紧密又略深入。（2）具有教师资格证的外教教学，口音纯正。（3）教学形式活泼，趣味十足。

公平地说，一年的课程下来，看到了孩子的进步。首先是引发了他对英文的兴趣，其二是学到的口音比较正，敢于开口。且由于有此课程，他轻松通过学校的英语考试。

然而，此教育机构管理混乱，劣师驱逐良师。在更换了老师之后，课堂纪律一团糟，导致后期学习几乎完全依赖家长在课后的辅导。最终我不得不放弃了部分课程。

写到这里想起一句话——我之于科学的意义，就是告诉后来人：Don't follow me！

新二年级，我给孩子选择了一个读英文童书的课程。因为我始终觉得，语言是在情景与应用中活着。

此外，我的计划是将 S1 课程再带着他深入地学一遍。之前注重于听说，现在注重于读写，在反复中加深记忆。也是怕他像狗熊掰棒子，学着扔着。不求多，但求熟吧。这个计划实施的关键在于我自己有没有这种毅力。大多数的家庭课堂半途而废，根源在于父母不能坚持，却往往拿孩子不配合当借口。

3. 语文

本学期我们依然没有上语文方面的课外班。

作文，我个人认为必须厚积薄发。在小学低年级阶段，广泛阅读，自主阅读比掌握技巧更重要。过于重视技巧会禁锢孩子的思想空间。作文的灵魂在于思想性，这是最不可能在课堂上学到的。有赖于家长引导孩子多观察、多思考，构筑自己的思维方式、表达方式。

语数外之外

有一次我听到几个小学生在聊天，谈到各自的课外班。意料之中的是每个人都有不少于三个课外班，意料之外的是他们彼此并非吐槽，而是"比阔"。课外班最多最忙碌的那个最得意。

也许他们觉得，这就是生活吧。

孩子在学钢琴、乐高和击剑。

钢琴的学习延续下来，已成为他生活的一部分。他从中受益最多的是慢慢摸索出些学习的方法。而这些学习方法，几乎可以说放之四海皆准。

乐高和击剑是他自己选的。乐高一级级上下去，是机器人课程。我曾经看到过电视上演的机器人比赛，觉得很酷，便也支持他学下去。至于击剑，据说长个儿。无论如何，锻炼身体，永远不会错。

更多锻炼应是室外活动。他几乎是班里唯一一个天天在院子里玩的小孩。有的是因为住得远，太多的时间花在路上。有的是因为家长工作忙，没时间带出来玩，让孩子自己玩，又不放心。有的是家长怕孩子玩散了心，规定只有固定几天放学后可以在院子里玩。所以很多时候孩子没有同伴，只好跟父母玩。丢沙包，打羽毛球，拍篮球。

今年他还跟爸爸学了军棋和象棋，纯属娱乐。

二年级总结：牵着蜗牛去散步

三年级的开学第一天，来写娃的二年级总结。

伴随孩子长大，最令人着迷的时刻是突然意识到他跳跃似的成长了。曾经那么担心着急无望的事情，在放松等待后，他顺利地走到那一步。那刻虽不动声色，内心欢喜万分。

说读书

从小给他读，他也爱听，然而，从亲子阅读到独自看书我们过渡得不是很顺利。刻意准备的"桥梁书"被冷落，在一年级结束的时候，他爱看的，不过是《丁丁历险记》。翻来覆去地看，看得我特想把它们打包束之高阁。更糟糕的是，班级上流行看《桂宝》，给他买了，买完立刻后悔，偷偷地扔，又不敢全扔，至今卫生间里仍旧放着一本。

给他买了全套《神奇树屋》，看了，但也就是看了。

转折在某个冬日的下午。我拿起《苏菲的世界》问他：要不要妈妈给你读？他说好。之前我们读的书，基本上都是绘本之类的儿童读物。这是第一本真正意义上的大部头。《苏菲的世界》我们只读了十分之一，没有坚持下去，要找个两个人都有空有心情读书的时候太难。但在读这本书的过程中我惊喜地发现，他已经可以理解复杂的概念，对哲学和历史也有兴趣。

故此，引入《希利尔讲世界史》和《希利尔讲世界地理》。

这两本书他读了两三个月，很艰难。吊在他前面的胡萝卜是我允诺每读完一本有一百颗小星星。小星星是我家的奖励计划，用于鼓励他做一些需要垫垫脚才够得着的事。重赏之下必有勇夫，他读完了。读完这两本书，迈了好大的一步。看到厚书，他不再发怵，并且会有好奇心：书里讲的什么？

另一扇门由他的课外辅导老师打开。老师带着他读了一些名著的片段，国内或国外的。读书有精读有泛读，真正快速提高阅读理解水平需要精读。这些课程中，对他益处最大的要数读半白话文的《西游记》。中国文字之美在于精练，诗词歌赋不用说，即使是话本，有时一个字的灵动深刻都像橄榄般耐咀嚼。讲透一个字，讲它的背景，讲后面的引申。再去看故事，感觉又不同。由于各种原因，这个每周一个半小时的读书课程只持续了四个月。但这四个月对他来说，推开了扇沉重的门，外面是一个广袤的世界。

虽然他仍旧会时不时拿起《丁丁历险记》，仍旧偶尔看看《桂宝》。

二年级下学期的末尾和暑假，他开始爆发似的看书。自己从书架上找书看，看漫画，把我收藏的《加菲猫》和《史努比黄金五十年》都翻出来；看侦探小说，什么"灵异侦探所系列""冒险小虎队系列"；看所谓的少儿名著，《夏洛的网》《小飞人卡尔松》，等等；看数学科普，《哪吒大战红孩儿》《非洲历险记》；看儿童小说，"杨红樱的笑猫日记系列"……

有读书的时间，有思考的空间，孩子才能在精神上成长。语文教育不在于识得几个字，背得几首诗，知道几个"文学常识"。语文的重要在于给孩子打下一生的根基，怎样去看世界，怎么去思考问题。

好书，是人生的指路明灯。让人在顺境中感受美，在逆境中保有希望。

暑假的最后几天，我带他去西单图书大厦，他选的书如下：《宇宙空间大探秘》《植物王国大探秘》《波澜壮阔的历史故事》《源远流长的历史故事》《武器》、Over 1000 Fantastic Earth Facts。买最后一本时我问他看得懂吗？他答：我看个两三年，看着看着就懂了……

他被《波澜壮阔的历史故事》吸引，是因为书的封面上画着温泉关战役。那幅画他在《希利尔讲世界史》中欣赏过。书和书都是拉着手的。

看到他自己选的书我才明白，当初给他选的所谓"桥梁书"为什么会被冷落了，那些儿童故事确实不是他的兴趣所在。

顺便提一句，有声书也是好资源。他最爱听的两套，一套是台湾版的《中国童话》，另一套是袁阔成讲的《三国演义》。

听了三国，他骑着自行车，拿着羽毛球拍在楼下驰骋。球拍头向前是青龙偃月刀，球拍柄向前是龙胆亮银枪，车龙头一提，口中嘶鸣。我问这位将军姓甚名谁？答：球拍头向前时我是关羽，球拍柄向前，哈哈，吾乃常山赵子龙！

说英语

如果说对孩子的学习方面有什么遗憾的话，我现在觉得英语的课程应该在五岁半左右开始比较好。我们晚了半年，又走了点弯路，正气喘吁吁地赶着。

新二年级，我们参加了一个带孩子读英文童书的课程。课程采取的教学方式是讲故事，并针对故事内容提问。在这个课程中他取得了缓慢又显著的进步。从最开始一个词一个词地挤，到学年末可以比较流利地用长句子来回答问题。令人欣喜的部分在于，他是针对故事的内容，通过自己思考来组织语言，而非传统教学中背下标准问答。这是这类课程的优势所在。

然而，这类课程与应试教育之间有着巨大的鸿沟。这就是为什么我遗憾孩子学晚了的原因。如果早一年学，就晚一点儿面对应试教育的挑战，基础会打得更扎实，过渡会更顺利些。但是人生毕竟是单程线，准备没有那么充分，该做的事情也得做。

缺陷主要在于单词和语法。听得懂的单词不少，会写的没几个。说的时候蛮正确，其实并不知为何那么说。

有同学会再加上一个注重应试的课程，但我觉得那样太浪费时间。且孩子非常不喜欢现在应试课程通行的教学方式——他曾经参加过一个短期的自然拼读培训，七天的课去了两天就再也不肯去了。我个人也觉得那些教学方式和我曾经经历的没有本质区别，汤还是那锅汤，为着有趣，撒了很多的胡椒面，又过度刺激了。

我决定亲自在家教。无他，找不到现成的路，只好自己走条路出来。

于是主要问题在选择教材上。感谢万能的网络，经过了多次对比我选中牛津小学英语语法书 OXFORD Grammar Friends（1~6），这套书内容编排合理，循序渐进，语法要点简明扼要，练习丰富有趣，深浅适宜。我们从这个暑假开始学，现在已到第二册的末尾。老实讲他并不能完全掌握，略知其意而已。如果要应试的话，可能还需要一定量的练习。单词方面，最终用了《剑桥少儿英语》的单词本，一课一课地背过来。采取的方式是先同他讲每个单词的拼读方法，再默写。这些单词讲给他听他基本都知道，可是落在纸上需要个过程。还算顺利。

在选择单词教材的过程中我也试过国外的教材，各种 Sight Words 之类的，但效果并不好。也在 Apple Store 下载过不少单词类的软件，没有特别适用的。最终选择了《剑桥少儿英语》单词本的原因在于它是国内应试的主流教材，一课一课的默写方式简单易行好坚持。现在那些曾经下载过的单词类软件都当作游戏在玩，多些渠道丰富词汇量吧，不做硬性要求。

还是那句话，也许我之于科学的意义，就是告诉后来人：Don't follow me！

与此同时，佐之英文的阅读。之前谈读书的文章中，我写过：读英文书容易陷入"学语言"的陷阱。孩子不需要读懂每一个字，了解句子结构。那是英文课的任务。

现在我的想法没变。以意为主，选择给他读的书主要契合他的内在成长需要。不完全理解英文没关系，用中文再讲一遍就是了。他自己慢慢也在读些英文的书，有些是小时候给他反复读过的，有些就是他随便选的，读不懂也没关系，愿意看，不畏难就好。用他自己的话来说，看个两三年，看着看着就懂了。

选择动画片和电影的时候，也尽量选原版的。孩子每周能看电视的时间不多，就是周末而已，为着一家人能一起度过这段时间，他通常选择看电影。上个学期，我们看了《ET》《地心历险记》《海底两万里》，等等，这学期打算继续。

对于孩子学习英语，我希望达到的最终目标是他能够把英语真正地当作一门语言来使用，能读更多更好的书，不必经过别人的翻译——倒了一道手的东西，损失甚大，有时干脆老母鸡变鸭。惭愧的是这个我自己至今没有做到，这也是我反对应试英语教育的主要原因。希望孩子比自己更好，是每个家长不可免俗的意愿吧。

说数学

说到数学，真正费心的东西，叫作奥数，奥林匹克数学。最近在央视的报道中，它被称为疯狂的奥数，被描述成破坏义务教育公平、残害青少年的魔鬼，学校机构敛财的工具，各种负面。

奥数是个替死鬼。

似乎错误是社会的，自己永远不得已。然而疯狂，其实在人的内心。贪婪，伪善，盲从，攀比，等等，奥数是挂在人内心这些挂钩上的那件衣服。

我们自一年级的暑假开始学习奥数，迄今一年，成绩经历过大起大落，心态经历过百转千回。我也曾经焦虑过、迷茫过，埋怨过孩子，怀疑过自己。后来终于回到事情的本来，意识到学习奥数的意义在于培养孩子的数学思维能力。

第一位是概念的理解。不只会背诵定义，而是真正知道它在实际中代表什么。每一道题，都是在说一件事，这件事怎么办，要想想。概念抽象，问题是具体的，要在做题时把抽象的概念落实到具体的问题中，有赖于学习时怎么把抽象的概念从具体的事例中概括出来。

这种概括的能力是数学思维的基础。

其次是逻辑推理能力。

逻辑的根本在于有序思考，从已知中寻找未知，不能眉毛胡子一把抓。推理的过程要严谨，无漏洞有层次，步步有根据，前后能连贯。培养逻辑推理能力，让孩子讲题是个好方法。每一步是怎么来的？为什么要这么做？讲得清自然做得出。做得出却讲不清的多半是强记了题型和解题步骤，这也许能在考试中拿到分数，但长远来看没有什么好处。

为什么非要学习奥数？起初自然是为了小升初的压力。如今"灭奥运动"轰轰烈烈，教委再三强调不许以奥数作为考量孩子的手段，还要学奥数吗？

我的想法是学。因为课内的数学进度太慢，远远低于孩子的容量，不能给孩子充分的学习锻炼机会。这很讽刺，包括之前说的英语，都是课内简单课外加料。也许义务教育的平均性就是会牺牲掉效率，只能由家长来因材施教。没有外界的压力，放慢些速度，降低点要求，重能力轻成绩，效果会更好，更能引导孩子体会数学之美，体会思考的乐趣。

说起来我们这一年来起起伏伏走过的路，最大的收获可能是培养了还不错的学习习惯。有了探索的意识，在遇到困难时肯坚持。说细节一点，做题时知道画格子，每道题都分地盘、打草稿，检查时就清楚明白。

这些理念和习惯，会受益终身。

杂谈

在这个年纪，小孩子还没有想太多。去上学，完成作业都是很自然的事情。上课外班，大家都上，他也觉得这就是正常的生活。大多数的选择父母在帮他做。然而有些问题，迟早他要去想；迟早，一切都要靠他自己打算。

首先，为什么要学习？为什么要认真刻苦地学习？

去年E度网上曾有一个热帖《孩子，你为什么必须刻苦学习》，看完作者眼中的现实以及他为孩子做的选择之后心里五味杂陈，其实孩子没有选择。

我也曾经和孩子简单地谈过这个话题，为什么要学习？因为你的能力有多大，你的世界就有多大。这个解释带点浪漫的理想主义色彩。大概是受了《美丽人生》的影响，我觉得把所谓"竞争残酷的真实世界"赤裸裸地展示给孩子，实际上是大人在转嫁生活压力。现实归现实，但像李宇春歌中所唱："人生如果没有梦想，那和咸鱼又有什么两样。"人的作为不仅基于现实，而且要让现实变得更好。

为什么要去尝试不同的领域？

因为只有在尝试中，才能找到自我，包括我的兴趣，我的长处，我的局限，等等。

前阵子我带他去试听绘画课。绘画一直是儿子的弱项，上绘画课并不是希望他能够在这方面有什么发展，更重要的原因是为了解决他对绘画的"又怕又爱"。在学校课堂上的挫败让他完全没有信心，说起来就是："啊，我画不好。我不喜欢画画。"真的不喜欢吗？可有时候又想画。有多少我们觉得不喜欢的东西是源于儿时不愉快的经历呢？

　　去试听课的路上他同我讲：有点害怕。我问他为什么？他说我不会。我说，就是不会才要去学啊，如果都会了，那还学什么？他倒吸一口气说：那倒也是。

　　试听之后他决定开始学习。这并不是一个正规的学院，只是个画室，孩子可以去画画，老师根据孩子的程度帮助挑选主题，给点指导。对他刚刚好。

　　做父母的，能做的无非是为孩子多打开几扇窗，窗外有什么风景，便要看他的缘分了。

　　即使失败的尝试也有价值。最重要的是永远保有一个开放的心态。不因为怕失败、怕做不好，就故步自封。

　　再谈谈坚持。

　　他的钢琴学习进入第三个年头了。一周一次课，每天练习依旧是十五分钟，不顺利的话，两个十五分钟。有时候蛮享受，有时候也硬着头皮。但无论如何坚持下来了。抛开音乐本身，对于孩子来说，让他知道每天拿出这么一点点时间来做一件事，日积月累下来就可以走那么远，也是非常有意义的经历。

　　和绘画一样，他应该不会以音乐为职业。我对此最大的幻想是有一日他能边弹边唱，在什么校园艺术节上收获几颗芳心。这又是做父母的痴心了。日子还长，慢慢来。

三年级总结：校内与校外渐行渐远

回头看看，才发现整个三年级的变化太大。

读书和语文

我曾在《关于历史启蒙的随便写》中提到儿子不肯读《林汉达中国历史故事集》，然而刚刚写完那篇，他便从书架中找出来读了。且一发不可收拾，一年来这本书一直放在他的床头，随时翻阅。

究其原因，大概是那阵子刚刚听完袁阔成版的《三国演义》评书，他对三国历史好奇，又由三国的历史翻到其他。这一年我们除了《三国演义》，还听了田连元的《水浒传》、单田芳的《隋唐演义》。这几部书个人觉得最好的还是三国，书好，评得也好。讲到中国文化传承，评书是个好载体。

《林汉达中国历史故事集》只到三国，听完《隋唐演义》之后，他对隋唐这段历史有了兴趣，就买了本中国国家博物馆编的《文物隋唐史》翻着看。

讲到三年级的变化大，也在博物馆。之前不过是看个热闹，甚至于博物馆最吸引他之处在于有极空旷的大厅可以跑来跑去。去年秋天我们去了台湾故宫博物院，租了讲解仪，也许是操纵仪器的乐趣，促使他在有标志的所有地方停留，认真听仔细看。今年夏天我们再去国家博物馆，就选择了有讲解的时间段，"古代中国"讲了整整四小时，他全程跟随，乐而忘返。

偷偷感慨一下，我小时候最怕历史，没兴趣，也背不牢。他却这么喜欢，暑假作业写幸福日记，写了一篇中国历史，流水账滔滔不绝。真是应了我们前两天读花生漫画读到的那句：Happiness is one thing to one person and another thing to another person.

关于语文课程，有位前辈同我说：小学阶段的语文就是两方面，一个是通过学校学习和自我阅读获得的字词积累量、认写基本功；一个是通过学校学习和自我阅读获得的一定的知识面和表达能力。

儿子的短板在于认写基本功。特别是在三年级这一年，之前的语文老师怀孕生子，代课老师走马灯似的换，荒废了。字词的掌握必须通过练习。最近引起颇多争议的小学生减负方案，倡导完全不留作业，实在荒谬。

三年级另一个重要的任务是开始写作文。儿子还在摸索之中，如同段誉的六脉神剑，时灵时不灵。有时候看他的作文，看到击节赞叹；有时候胸口如遭大锤，恨不得口吐鲜血。每到这时，我都得提醒自己，回头看看，年前他还只能在百般压榨后写上不成篇的几句话，现在愿意写，有的写，虽一团乱麻，慢慢理清就是。当然更重要的是，急，也没有用。

数学

题目"校内与校外渐行渐远"，是由数学和英语学习而发的感慨。

三年级，校内还在学两位数乘以两位数，校外的奥数已经讲到等差数列、多重周期……特别是在三升四的暑期奥数课程，讲到加乘原理和行程问题，可以说，至此时，我们真正感觉到了奥数的难以及压力。

课堂上开始听不懂。老师建议课前预习，以及复习之前的相关章节。

上完课后，把课上的例题、练习题再独立地做一遍。如果不顺利，找出概念不清晰之处。

有了压力，我开始琢磨数学的学习方法。不希望走题海战术，就必须提高效率，把时间用在刀刃上。

数学学习要求的素质，大体分为两类：数感，理解分析能力。

每个孩子的数感天生有差别，若要提高，无他，多做题。学校的暑假作业中要求30天，每天五道计算题，我从《算得对》这本书中，挑出一些易错题给他做，做到后面能感觉到他有明显的进步。开学了，我准备把宝贵的题量加在计算题和数字谜之上，力求计算速度提高，不出错。

理解分析能力涉及的方面较多，并不完全能依靠做题来提高。9~10岁的孩子，正处在形象思维到逻辑思维的转换中，这与大脑的发育有关，急也急不来。在与朋友的交流中，我了解到某些学校在低年级有解题程序训练。第一步，分析题意，找出 key words；第二步，列式，把 word problem 转换成为 math terms；第三步，计算。很遗憾我没能早一点了解这种训练方式。之前的题目较为简单，分析题意过程几乎略过不记，然而对于越来越复杂的题，这一步就尤为重要。不会做的题，多半连题目都看不懂。学会将已知逐条列出，而不是翻着白眼"云计算"，太必要了。

我曾向某人诉苦，转述老师的话："某某已经做完五年级的导引了！""某某学校的点招考试题难量大，你们不好好训练根本做不完！"某人提醒我不要受到这些话的影响，尤其要避免给孩子"以奥数论英雄"的印象，人不能不理会客观存在的一些标准和要求，然而，如果一味地依照外界标准去学习和生活，会失去自我。

英语

小学英语教学大纲要求，至六年级毕业，听、说、认读1200个左右单词和一定数量的短语和习惯用语，拼写450个左右常用单词。

而事实上，小升初英文考试的难度大多是中考水平。

现实中，小学生课外常参加的考试，KET的词汇量大概在1500，PET在3500，FCE在6000。几年前，过PET的还是凤毛麟角；现在，已经有不少人拿到FCE证书。

这就是我为什么深深地感到，校内与校外渐行渐远。

儿子在这一年里，仍旧继续读英文童书的课程。在寒假开始有阅读课，听力课程也过渡到听小说。除了课程指定的阅读材料，他业余也会看一些英文书、漫画、简单的故事。

有时候看到"别人家的孩子"取得了某某成绩，我也会有点心急。但是回头看看，儿子也在进步，更重要的是，他一直在努力。这就够了。

语法上，我们放弃了OXFORD Grammar Friends，转投新加坡小学英文语法全解全练。这套课程有老师讲解，每课时间不长，容易操作。

单词上，由于三年级以来，课内老师要求听写，课外我就没有再补充单词拼写，主要力量集中在认读。他能听懂的单词相当多，但不能对应到纸面上。所以采用听读、指读的方式来训练。会认能读即可，这大大提高了效率。

且母子一起读书，就不似"学习"，而成了"quality time"。只是我因此发现，自己虽然过了六级，随便拿起本童书，都有不认识的单词，不得不每天提前做功课。当妈使人进步啊。

在应试上，我们最大的问题在于熟练度不够，做不完试卷。这可能会因为阅读量增加而改善，所以我打算等等看。不到万不得已，不走题海战术。

其他

钢琴学习进入了第四年，这一年只断断续续上了半年的课，但进步却是最快的。他开始懂得欣赏音乐。当我步入暮年，回首珍贵往事，定有一刻是那日儿子在弹 *Yesterday*，某人一旁跟唱，音乐在空中流转，歌声绕梁不绝。儿子之后说，那一刻，他浑然忘我。

出于种种原因，钢琴的学习未必会继续，但我相信，音乐会是他一生的朋友。现时种种便利，无趣时我们常搜各种现场演出来听，不必出门，坐享名家演奏会。他在烦闷的时候，会拿出琴谱弹上几曲平复心情。这是我们学钢琴的初衷，也达到了目标。

近四年的时间，每天不过十分钟到半小时的练习时间，他有过少少的抱怨，多数时间是享受。曾经有人告诉我，学琴总是苦的，充满冲突和眼泪。亲历过后，我们更多体会到的是音乐的美好及坚持的力量。

去年暑假他要求学游泳，学了，会了，一年来断断续续地游，又会了其他的泳姿。那是他的欢乐时光。特别是春节在新加坡，他无师自通地学会了漂在水面，笑傲全家，成为特殊技能。

今年暑假他开始学习网球。选择这项运动是因为爸爸喜欢，他希望能和儿子有共同的兴趣爱好，积极向儿子推销，终于引起他的兴趣。教练表示父子对打的日子得在一年之后，某人热切地盼望着这一天的到来。我没告诉某人，教练还说，再过一年，爸爸就会是儿子的手下败将了……（并没有，五年级上半学期我们忙于小升初，放弃了网球。）

孩子在往前走，我们终将被抛在其后。在这之前，我提醒自己，多陪伴他，耐心点，再耐心点。他一定会长大，成为与我们相似而又完全不同的人。

四年级总结：全面进入应试

一年才写一次总结是不行的，很多事情都记不清了，好像突然就来到了这里。

这个暑假我们过得前所未有的忙碌。四年级的春季，进入了坑班，立刻感受到了迫在眉睫的小升初压力。上完了机构的奥数课程，紧接着就是英语的集训和坑班的奥数。去呼伦贝尔打了个转，登机告别草原时，孩子说："我的暑假结束了。"接下来是坑班的语文和英语课程，以及各种题。

不做题也是不行的。

懂得，并不意味着掌握。没有一定的训练量，无论是速度和准确性都无法提高。我们意识到这一点，是在历次考试中发现常有题目做不完——容我想一下，我能做出来——然而并没有太多思考的时间。

这一年英语的提高最为明显。得益于参加了KET的备考班。从不知道什么叫完形填空，为什么文章中会有数字，到拿到一张考卷，唰唰从头写到尾，也只用了三个月时间。这几年的英文听说阅读课程，确实给他打下了比较坚实的基础。单词关很快过了，会读会认会用的词，写起来也没那么困难。语法也没有想象中的可怕，知识点永远记不完，语感倒是更可靠些。

感谢丁妈推荐了百词斩，一个暑假，我们把中考单词过了一遍，同时推进"五三"。五三者，《五年中考三年模拟》也。系统梳理一遍语法，同时训练做题的速度。

不用拉回题目确认，这是小学四年级的总结。三年级总结的题目是"校内和校外渐行渐远"，又过了一年，在某些方面，距离已遥不可及。需要说明的是，儿子并不是佼佼者，剑桥五级考试，我们只过了初级，周遭同学，通过第二级PET的比比皆是，通过第三级FCE的也大有人在。之所以使用中考复习资料，是因为此阶段大部分的英语考试，就是这个难度。

语文考试的难度，在知识面与阅读。在四年级期末，我察觉到孩子在阅读上的困难。很奇怪，一个从小到大，读了几倍于他身高的书的孩子，做不好阅读题。

而后我认识了子源老师，关于语文的学习方法，我从他那里得到了许多启发和新的看问题的角度。

譬如他说考试中的现代文阅读，所考的，其实是从文章中提取信息的能力，要点在于捋顺逻辑关系。

如果我说这句话像一把剑劈开了阅读黑幕，也许略显夸张。但与之相比，所谓阅读公式，只是舍本逐末的雕虫小技而已。

所以五年级，我们会在这个"心法"的指导下，加强阅读的练习。

儿子四年级的语文学习，在基础知识和文学常识方面有长足的进步。这得益于学校换了要求严格的语文老师。大量的抄写，反复的听写，做的时候叫苦连天，做完后孩子自己也意识到：错别字少多了，写字快多了。隔周交一篇作文，我带着他逐段分析修改。于是他的写作也渐渐脱离流水账，显现了构思，初具意境。

暑假语文留了抄写的作业，我们抄了一遍小学生必背古诗，抄了一遍坑班老师给的国学名句复习资料。

这个世界上也许有天才，但大多数人，想取得一点点成绩，靠的都是死功夫，是坚持。

四年级这一年，我们在奥数上花的精力相对要少一点儿，只是跟着大部队走而已。在暑假之前，没有做课外的题，但每次上完课，都会把例题重做，练习做完，力求不留窟窿。春季，得了两个奥数杯赛的三等奖，算是性价比超高的回报。

暑假，我们开始分专题做《导引》，孩子在做的过程中，常发出这样的感慨：哎呀，这题我见过，是我之前一直不会做的题，现在，我终于会了！——其间辛苦自知。

这一年，网球的课程一直延续着，他已经可以和爸爸过招。晚间的读书活动也延续着，读完了《写给孩子的哲学启蒙书》，开始读《论语》以及各种小古文。课与课之间，题与题之间，他在抓紧一切时间玩他心爱的乐高，读各种书……时间像海绵里的水，总是可以挤出来的。

可以预见，孩子会越来越忙，提高效率是关键。他像一列火车，已入轨道，正慢慢加速。

五年级总结：学酥的逆袭

自蒙氏幼儿园升入某以"快乐教育"著称的小学，我们的经历大体可归为素质教育。以"读万卷书，行万里路"为主导，但并不排斥报班，语数英都有课外培训（什么事情不会吗？去找会的人。想知道更多吗？去找知道更多的人。这就是上课外班的意义），每科一个班。客观地说，别说玩命了，跟努力都有一段距离。

就拿奥数来说，雷霆老师一直要求：上完课，把例题重新做一遍，再做作业，并找到《导引》中相应章节补充练习。

很惭愧，在五年级之前，我们只偶尔有几次课能做到，大多数时候都是在下一次上课前把作业匆匆赶完。《导引》几乎是空白的。

四年级的高思杯，裸考。总参加人数2060人，我们数学成绩810名。说是学渣，怕比我们名次更低的恼火，但称作学酥，是毫无异议的。顺便说一下，语文排名323，英语排名127，总排名197。

那时候儿子已经被分好了班级。

想要换到心仪的老师所在的班级已几无可能。

他的小伙伴Y，先行了一步，同他讲"咱们中学还一个学校好不好？中午还可以一起打篮球"。

不知所处班级学习氛围重要性的儿子高兴地说："好！"

于是我给他报了名考试，没复习。因为我觉得，要是考都考不进，也就别折腾了。

顺利地进去了。虽然没有和小伙伴分到一个班，但他很快认识了其他人。

我怀疑他们常常在一起谈论升学的问题。

因为有一天他突然问我："妈妈，你对我小升初是怎么考虑的？"

我说："好好学，挨个考，考到哪个算哪个。"怕他压力太大，又补充道，"你要不想死磕奥数，就上国际学校吧。把准备给你买房的钱拿出来交学费，也够了。"

他想了想说："那钱还是留着买房吧，我觉得我还可以努力一下。"

不过说努力，也没有特别努力，直到班里暑假课程他与M大神分到一班。

他问我："M是怎么做到的？他怎么能这么强？"

他用很多形容词，大体的意思是对于 M 来说，所有考试，谈笑间墙橹灰飞烟灭。

神往之色，溢于言表。

"无非是一直在努力吧。"我说。

"我也要像他那样。"儿子表情坚毅。

"当真?"我问。

"当真。"他说。

"不怕吃苦?"我问。

"不怕吃苦。"他说。

好吧，你要战，咱们就战。千军万马之中自独木桥拼杀过来的人，都有全挂子的武艺。

语数英各自制订了计划。具体请见第四章学习经验部分：《五年级如何快速提高奥数成绩》《五年级如何快速提高语文应试水平》《五年级如何快速提高英语应试水平》。

其中辛苦请自行发挥想象——单说中间我有过的一次怀疑和动摇。

那是 2014 年的 11 月的一个晚上，也许是那年冬天最冷的一个晚上。我们在机构上课。天漆黑，风如刀，我的内心是崩溃的。这样的夜晚，难道不是应该"绿蚁新醅酒，红泥小火炉。晚来天欲雪，能饮一杯无"吗?难道我奋斗了四十年，就为了在机构门口冻成狗吗?

接到他，我下牙磕着上牙说："咱不上了吧?"

他用那种"你脖子上顶个脑袋是为了显高吗"的眼神看了我一眼，说："You don't have choice."

这是我万万没有想到的答案。

那一刻我突然明白，这根本不是我的人生。这是他的人生，他的战役。（我不过是那个躺枪的，就不要自怜地拼命抢镜找存在感了。）

时间花在哪里是看得见的。

那个学期，他在奥数班上，期中和期末，都拿了满分。

他说："妈妈你知道吗？分数公布的时候，同学看我的眼神，就跟我看M大神一样。"

我怕他有了执念，笑眯眯地开玩笑："M是大神，你比他还多一点儿，你是大神经。"

他哈哈大笑。

2015年高思五年级尖子精英赛参加人数2034，儿子数学排名228，语文排名35，英语排名68，总排名57。

（看到这个成绩单时，我的心就比较安定了，算算差不多够吊车尾进去。）

又做了些难题，一个月后得了"迎春杯"二等奖。

所以那三篇心得请务必用心阅读，亲测有效。

学霸和学神就不用看了。

说起来某次有位妈妈问我：怎么提高孩子的语文成绩——从"高思杯"前二三十提高到前十名以内，因为其他两科都在前十名呢。我说这我真帮不了你，你是来气我的吗？

要问有多辛苦——也没有到玩命的地步。

最多的时候，一星期三到四个奥数班：高思常规班，KB，间或有KB的短期冲刺班，还有一个免费的华杯网课（贪便宜抢的，不上觉得可惜，结果后来根本没有去考华杯）。语文没有。英语有一搭无一搭，常常缺课，几乎不做作业。

他有同学请假去小机构刷题，娃说也想去，我说：这个真不行。

每晚十点准时睡觉，这是底线。

不太敢真的玩命。命就一条，日子还长，玩不好就玩脱线了……

尘埃落定后，我们又恢复了上上课、看看书、吃吃饭、打打球、爬爬山，逛逛博物馆……的正常生活。除了多了150度的近视，和半年前没什么区别。

总有代价。

谈到这段经历的时候，儿子说："你记不记得我一年级的时候第一次语文考试考了全班倒数第二？"

"记得啊。"我说，"杨老师当时特地发短信跟我说，不用着急。毕竟你上学的时候刚会写自己名字呀。"

"杨老师也找我了。"

"是吗？"我很惊讶，他从来没跟我提过。

"是的，她找了我跟S（倒数第一的孩子），说全班就我们两个没有提前学，所以考得不好是正常的，没关系的，从现在起认真学，慢慢地能赶上来。"

"你赶上来了啊，记得一年级期末你的成绩就挺不错的。"我说。

"是啊。"他说，"所以这次，我觉得我也能行。"

"如果杨老师当年狠狠地批评我们俩，事情也许就不一样了。"他补充。

大太阳下我打了个冷战，由衷地感慨道："杨老师真好。"

"那当然。"他笃定地点头。

彼时桃花正盛，风吹过，落英缤纷。

顺便说一下：亲爱的Y同学最终被录入该学校。造化弄人，莫过于此。

而未来怎么样，谁又知道呢？

小中衔接：跌跌撞撞的转型

在幼小衔接的那篇文上，我引用一位朋友的话："养孩子就像考试，考的都是你没有准备到的。"

当时另一位朋友还有一句名言："当你有了老大的经验，信心满满生了老二的时候，发现拿到的考卷，居然是阿拉伯语的！"

我当然没有生老二。我拿到的阿拉伯语考卷，内容是小中衔接。

这有个人的原因。孩子之前的学校以"快乐教育"著称，课内十分轻松，并有足够的玩乐和体育锻炼时间。课外我们上的课外班也不算多，除了五上冲刺阶段略紧张，可以说五年来愉快地、游刃有余地完成了学习任务。

于是，这半年格外的艰难。常常处在作业做不完的状态。这令我十分恼火，四处吐槽。尤其是孩子永远淡定的表情，更令我抓狂，我问他："为什么要我催促呢？我好不喜欢做这种事。"

孩子回答："这样让我觉得你在关心我啊。"

啊……啊……啊……

这个状态难以描述，并不是惯常呈现于文学作品中的母子相处模式。

孩子喜欢新学校。必修课内容丰富，语数英之外，科学课包括了生物与化学，又开了历史与信息技术，都是他喜欢的课程。任课老师个个经验丰富学问满满。体育课的老师更是他的最爱，技术过硬个性幽默。选修课他选了心理电影欣赏和国际象棋。每周有博物馆参观/讲座，并组织了几次野外徒步/拓展活动。这也都是他喜欢的。

没事在家里唱唱校歌。

他也能接受提前学习。除了英语，初数和物理都学起来。

想做的太多，时间就捉襟见肘。那些都是很好很好的，只是能吸收的太少。我眼看着他欢快地驾驶着小奥拓，左摇右晃地冲上了赛车道，心惊胆战。

虽然曾经说过支持他的所有决定，但他的选择与我的心意并不一致的时候，还真是有点艰难啊。

是的，我并不喜欢他现在的状况。这种不喜欢很难用言语来描述，我甚至有点恐慌，怕他一步步地成为"精致的利己主义者"。

学校里客观上形成了一个高度同质化的圈子，好处在于积极进取——当一群羊都在往前冲的时候，你无法停下自己的脚步，被裹挟也好，被激励也好，只能往前；坏处就在于，在最该丰富的时期，走了最窄的一条路。

这么说，对学校有点不公平。学校已经竭尽所能地去提供更多。比如徒步，在今年冬天，零下几摄氏度的气温里，徒步三十公里，这种活动对孩子们的价值，超越任何课本。比如各类讲座、博物馆活动。

但是，无法改变的是整体的氛围。整体来说，孩子得到的信息是"外界标准是什么，我就要怎么做"。这个标准并非学校制定，是同学之间相互竞争而成，越来越高，越来越高。

而且，标准单一，即掌握知识和技能。

这占据了他几乎所有的时间。学习，是正道。我的反感，在于"过犹不及"。

我个人的理想，在他这个阶段，教育需要做两件事。一件是令他意识到世界的丰富，各种不同的存在，每一种存在都有自己的历史与哲学，历史是他们的演变；哲学是他们如何寻求自身的平衡。另一件是建立审美，审美是一种能力，这种能力需要熏陶与培养。

如此，才能避免成人之后的狭隘、粗糙。

这两件事不可能依赖学校。然而，现实状况几乎没有给家庭教育留下空间。

这就是为什么他在学校成绩还过得去，我却一度如此焦虑的缘故。

后来，我想开了。

教育的核心目标是学会决策和选择。

从这个角度来说，他选择了现在的学校，并且决定为自己的选择负责，是值得欣慰的事。

我意识到也许需要改变的是我。或者说，我必须随着孩子的选择而改变。如果我一意孤行要给他我理想中的教育，也违背了辅助他"成为自己"的初衷。

我把自己这些年的博文都翻出来看了看，提醒自己，要坚持"最初的梦想"。

"解决这个问题的方式是把权利交到孩子的手中。父母并不需要成为孩子人生的'设计师'，孩子自己找到的方向才是他能够坚持走下去的方向。父母在其中的作用是给他尽可能大的视野，以及在他需要的时候提供帮助——意见，而非决定；辅助，而非替代。"

这段话写于2010年。

六年过去了。我庆幸自己当年写下了这些，能够提醒现在的我。

新的学期，我需要做的是：帮助他提高效率，令他获得更多的个人支配时间；多陪伴，以细雨，以微风。

（注：孩子进入特殊班型，从小学六年级即进入中学课程的学习）

六年级总结：小学阶段结束

这大概是我写的最后一篇总结。在学习方面我已帮不到他什么，也不太了解具体情况。孩子毕竟大了，说起来虽然略带惆怅，更多是欣喜。

这半年我和孩子讨论比较多的是要不要转国际学校。

在他幼升小的时候，虽然幼儿园同班的孩子有一半没有选择公立，我都没有想过上国际学校。那会儿还有Google，全球化的势头正猛。

后来情况变化了。

用百度搜索，看腾讯新闻，不是我希望的生活。

但是孩子有自己的选择。在五年级的总结中我已经写过，小升初我们到底还是去了公立学校。

有朋友觉得我给孩子太多自由。但我并不能确认我想要给他的选择是对他最好的，我并无这个自信。况且他选的，也不算坏。

这半年，外界形势又变化许多，超出我的知识范围。

所以就由他吧，进可攻退可守。

前阵子和朋友约会，聊到人工智能对日后职业的影响。周六我特地去听了一场相关的讲座。

人工智能是人类的显性智慧在机器上的复现，相信在不久的将来，既定工作框架内解决问题的工作，会越来越多地被人工智能所替代。

来自龙泉寺的贤超法师讲到有分别意识和离分别意识时解答了我的一个疑惑。

　　我的疑惑是：为什么很多时候试图用"科学""高效"的方法去处理问题，问题却没有解决甚或变得更糟呢？

　　贤超法师举了佛法中的船喻："佛法如同帮我们过河的船。等我们过了河，就不再需要继续背着船走了。有分别意识也如同这样一艘船，是一个达到最终目标的工作，而并不是最终目标本身。"

　　要有更多的体验而非一味钻研技巧，才能帮助孩子们应对第四次工业革命吧。

　　要培养孩子发现问题与定义问题的能力。

　　顺便说一下，《北京折叠》获了"雨果奖"，有人仿写了一篇《北大折叠》。有兴趣的人可以搜出来看一看。值得一看，真的。文学有时候是现实的先驱。

　　再说点眼下的现实。

　　暑假我们开始亲子共读《二十四史名句赏析》，感谢文妈的推荐。

　　这本书的作者主要研究方向是道家道教哲学，书写得中正平和，通俗易懂。当初选来读的时候原意为掌握些经典句子，提高作文的层次。读下来却觉得是本给孩子介绍中国哲学的教程。

　　这代孩子从小看着国际获奖绘本长大，思维方式已少有中国传统印迹。弊端在于，随着年龄渐长，他们接触到更多中国古代文学时会有理解障碍。这本书，也算是国学普及吧。

开始写作文

　　这学期儿子开始写作文。老师要求，孩子写一遍，家长改一遍，再呈交批改的作文本。

　　起初我有点反感，觉得老师把学习任务下放给了家长。然而转念一想，一个班几十个孩子，老师不可能根据每个孩子的情况去分析，只会讲大的原则和共同的问题，家长来做这件事更有效率。

　　刚开始写作文，拿到一个题目，他会无从下手，坐在那里望天：第一句该写什么呢？

　　这时候，要鼓励他写。漫无边际也好，毫无章法也好，先写了再理顺，修改。

　　孩子最容易写成流水账，甚至连流水账都不是，东一榔头，西一棒子。家长需把要求放低。必须明确：帮着改作文，是要在他的基础上帮助提高，而不是另作一篇好的得个好分数。他初裁的是件背心，那就尽量把背心做得合体一点，细致一点，不能越俎代庖地做件旗袍。

这个阶段的作文，大体结构有三种：总—分—总，按时间的顺序，按事情发生的顺序。

最早做的工作是把他堆砌的材料剪剪贴贴，该分段分段。分段是学习写作的第一步，段落分得好，文章就有了节奏感。

慢慢地，他的初稿能做到把相关的事情都大体地说出来，而我要做的事就是把顺序感加强，使读者能清晰地了解整个过程。

例如，他有一篇作文叫《记一件难忘的事情》，写的是他做色素痣手术的事情。第一段写了概要，第二段确诊约手术，第三段手术前的等候，第四段手术过程中，第五段手术后我们的对话。

整体的结构很好，但是没有明确的词语点出时间顺序。我给他加上了这样的句子"手术约在两天之后""两天之后我又来到了医院""进入了手术室""出了手术室之后"。文章立刻就齐整了。

这种小技巧孩子容易掌握。在之后的作文里，他就自然地开始运用。

作文不一定要完全真实，但情感必须要真实。

作文写成流水账，最主要的问题是只有叙事，没有自己的心情和感受。

再拿那件"难忘的事"来举例子，他在初稿中写出了自己在手术中的感受，非常生动——"我的心都提到嗓子眼了""全身上下都被汗水浸湿了"。于是在约手术那段，我帮他加上了"忐忑不安地等待"。在等候手术的时候，他写了自己着急的样子，我修改成"又是着急，又有点盼着再晚一些"。这样，高潮部分有了铺垫，整个感受更丰富更符合情理，作文也更好看了。

孩子不是没有感受，是不知道应该写上感受，不知道怎么描述自己的感受。

另一个重要的概念是前后呼应。前面提出了问题，后面就要有解答。前面设下了包袱，后面就要抖开。这样，结构才完整。不要让人看了一头雾水，不晓得你要说什么。

能够自圆其说的作文，就是篇完整的作文。

在刚开始辅导他作文查找资料的时候，看到有人主张背些好词好句，我没有采用这种方式。我觉得在这个阶段，孩子能够用自己的语言把一件事情描述清楚就很好。丰富语言应该在生活中。多与孩子交谈，在谈话中尽量表述得清晰、生动，他会自然地习得"好词好句"。

读书也是一种学习的方式。但读书读得多的孩子未必会写作文。要在写作中学习写作。多写，遇到表达困难的时候在心里设个扣。带着问题去读书，在书中寻找答案。这样，才有助于他的提高。

曾经我也主张孩子先读书，积累更多后再开始学习写作，后来发现，读与写，其实是相辅相成，不可或缺的。

关于写作文之掉湖里了

其实这个学期，因为时间不合适没有上大语文，给他报了个传说中很好很好的满分作文班。然而我发现即使是课外班的老师，也没能力做到针对每一个学生的问题去讲解作文。

本来想偷懒的妈妈，不得不又披挂上阵。

课外班的第一篇文章，是写"我"，他写了自己的特点后，第二段就转而写自己的度假经历。问他为什么这么写，他挠挠头：老师说写自己也可以，写寒假生活也可以。

我同他讲：这就好比画画，画一棵树，或者画一个湖，现在呢，你画了一棵树，又画了一个湖。

他说：这段写得不好吗？

我说：单看这个湖，也是很好的，水很清澈，水上还有鸭子，可是，它跟树没关系！

从此，我们有了一个暗语：掉湖里了。

怎么才能不掉湖里呢？恰巧周末学校布置了一篇《我和×老师》的作文，就怎么写这篇作文，我们讲了讲结构。

一篇文章，就像一个人，有头有脚有身子，头脚要呼应。儿子插话：画个鲨鱼脑袋，不能有个小金鱼的尾巴！

开头，要点题，明确：这是棵树，不是个湖。

后来他写的是："宋广骥老师，是我二年级下半学期一对一的语文老师。"

写人物，要写出他的特点，要写得让没有见过他的人，也有大概的印象。像"不高不矮，不胖不瘦"这种话就不要说了。写得没有错，但别人看了，还是不晓得他长什么样。

后来他写宋老师"微微有点矮""戴着个大大的眼镜""脸上总是挂着大大的笑容"。

虽然我怀疑宋老师并不乐于看到别人说他矮，不过就作文而言，这也算抓住人物的特点了。

既然题目是"我和宋老师"，就要写我和宋老师之间的事情。怎么选择呢？我同他讲，要选重要的，你印象深刻的、有趣的、生动的，能表现出老师性格特点的。

他的作文没做到这些，写得比较平淡，写了老师给他讲的故事，带他读的书。唯有"读书时一旦遇到不认识的字，老师就教我念"一句颇有民国之风。

结尾倒是出人意料的好。他写道："因为种种原因，大班的老师不能再带一对一了，我不能再跟着宋老师学习了。宋老师教四年级的大班语文，我恨不得一下子跳到四年级去上宋老师的课！"

遗憾的心情跃然纸上。

教孩子写作文，心态要放平。不能因为他写得不尽如人意就越俎代庖。要抓大放小，大的原则遵守了，不跑偏就够了。细节谈得太多，容易失去重心，又打击士气。

也要考虑到，有些时候不是孩子不明白、不想做，而是力有不逮。等他积累得够了，自然就做得到。

关于写作文之红豆包、绿豆包

儿子的作文最近有些进步，结构完整，内容基本围绕主题。也懂得每次去看老师的评语。

这么一看，又看出问题来。

例如，题目是"给××的一封信"的作文，他写《给市长的一封信》，内容是关于路人闯红灯的问题。老师在后面批注：这么小的事情不用给市长写信吧。

在写六一节义卖的时候，儿子写自己看到市场价九十九元的乐高卖两元时"大叫一声差点没晕过去"，老师批注：写法太夸张了，作文不能这样写。

他很迷惑，觉得这些确实是自己心中所想。

我同他讲：妈妈和老师的看法不同，妈妈觉得你写得很好。

老师在批改文章的时候，有自己的想法。就像有人爱吃红豆包，有人爱吃绿豆包。老师拿红豆包作为标准的时候，就觉得绿豆包虽然也有皮有馅，馅也是沙的也是甜的，但毕竟不是红豆包。

写文章，就是要"我手写我心"，有绿豆，就做绿豆包好了。

那么是想写什么，就能写什么吗？也不是。

如果考试的题目是饺子，不管你做的是红豆包还是绿豆包，不管你豆包皮发得多么暄乎，馅多么丰腴沙甜，都是不合格的。

如果考试的题目是三鲜馅的饺子，你非要包个猪肉大葱的，也不合格。

讲到作文，相关的还有造句。儿子的造句和作文一样处于形式上没有大错，内容幼稚粗犷的阶段。有次他拿着句子来问："这样写行不行？"我说："行。"他不解："但是妈妈你为什么皱眉头呢？"我说："因为这个句子实在是格调不高啊！"

格调不是想让他高，就能高的。眼界有多大，格调才有多高。还是要多读书，读好书。

关于写作文之闲笔要不要交代

儿子依照老师的指导，写了个收养流浪猫的故事（纯属虚构）。故事的主体没有太大问题，问题出在细节上。

文章写得长了，就容易有闲笔。比如，在描写了流浪猫瘦弱的外表之后，他写了句"它跟小区里的那些又大又肥的猫显得格格不入"。单看这句话没什么不对。"又大又肥"这个词，平日里我们聊天，曾用来形容小区里那些真实存在的、与普通概念上孤苦伶仃的流浪猫有巨大反差的"猫霸"，颇具喜剧效果。"格格不入"对他来说是个有趣的新词。我能理解他试图把这两种高大上的感觉糅在作文里，不过他忘记了所有的描写都是为主题服务的，对于一篇几百字的小作文来说，任何的闲笔都会占据主线的空间。我毫不留情地把这句删掉了。

与闲笔类似的是，不需要交代的事情，不要交代。

比如，在开篇，他写道："因为帮助老师做事情，回家时路上已是一片漆黑。"他的逻辑在于"平时回家的时候天都大亮着，可是作文的要求是发生在晚上，两者的不契合需要找个理由"——这种逻辑性是把故事编圆的基础，意识很好，但这个交代并无必要。为什么呢？因为"和主题无关"。读者并不关心为什么一个小学生回家的时候天会黑，且将此场景置于夜晚只是为了烘托气氛。与此类似的不必要的交代还有"因为上学的时候不许带食物所以我没东西给小猫吃""妈妈第二天带猫做体检打疫苗"（你不是在科普），等等。不少文章写得不好看，就是因为充斥了大量这种现实的细枝末节，写郊游先写一大段怎么准备便当，或者回程的路上遇到车祸怎么绕了路……大部分孩子在四年级时写作文都晓得围绕主题了，但要明确什么是更核心的主题，在材料的取舍上，要敢于下手。

与之相反的是，需要交代的事情，必须交代。

给孩子讲这部分的时候，思维导图派上了用场。这个工具很适用于梳理主线。他写这篇虚构的文章，主要是用于练习"一波三折"的手法，那么，在每个转折处就一定需要详细交代为什么。发现小猫→既瘦且弱→没吃的给它→不好带回家→想走又不舍（为什么不舍一定要交代）→带回家→妈妈不许养→妈妈同意养（怎么会同意？要交代）→猫丢了→猫找到。叙事是为了抒情，文章核心的主题是同情心和爱。生动的描写才能突出这个主题，打动读者的心。

关于写作文之视角问题

学校隔周会布置一篇作文，题目自定。他抓耳挠腮地问："写什么好呢？妈妈你给我出个主意。"我说："'我的好朋友×××''夏天''一件小事'……"

过了一会儿他问我："可以写鬼吗？"我说："为什么不行呢？"

然后他写出了这么一篇。把草稿交给我的时候他说："我遇到了困难。我不会取名字。"

你相信鬼吗

你看见过鬼吗？没有吧！在白天，没有人会去想鬼，很多人就不这么想了。

茂密的森林，寂静的小屋，甚至是你的床上，都可能有鬼。可是，没有人真正看见过鬼，你看见过鬼？好吧，可是，你看下面哪种情况是你经历过的呢？

一个人在森林里迷了路。他能听见身边呜呜的怪叫，他忽然看见不远处有一只高大的，有两只大爪子的大怪物在看着你……

一个人在乡间的小道上漫步着，慢慢地天黑了。一间小房子进入了他的视线。突然一声大叫传来，紧接着一只恐怖的鬼影飞过房子……

一个小孩夜里十二点还没有睡着，他正在竭力想让自己睡着的时候，他发现衣橱里一只面目狰狞的黑色鬼怪正张着大嘴……

很恐怖吧！可是1号人看到的只是一颗老枯树，2号人看到的只是一只猫头鹰，3号人看到的只是一件黑衣服！

如果你看到过鬼，就请想想他可能是什么。

我看着"1号人""2号人"……心里想：假若写文章是盖房子，您这房子钢筋还露着呢。

其实我也不会取名字，写小说的时候常常随便打开网页，找个名字出来用。但路上有个坑，你可以选择填平了，也可以绕开。

改好的文章如下：

见鬼

你看见过鬼吗？在白天，没有人会去想鬼的事；但是在晚上，情况就不一样了。

黑夜中，茂密的森林、寂静的小屋，甚至在你的床上，都可能出现鬼的身影。你有过这种经历吗？

比如，你一个人在森林里迷了路，你听见身边有呜呜的怪叫，这时候，你突然看见不远处一只高大的、张着两只大爪子的怪物静静地望着你……

比如，你一个人在乡间的小道上漫步，渐渐地天黑了。一间小小的房子进入了你的视线。突然一声大叫"哇！"接着一个恐怖的黑影飞过房子……

比如，你，一个小孩夜里十二点突然从梦中醒来，又正竭力想让自己睡着的时候，你发现在没有关紧的衣橱里，一只面目狰狞的黑色怪物张着大嘴……

那个小孩其实不是你，是我。

我看到的也不是鬼，当我打开灯，发现那只是一件黑色的大衣。

森林里张着大爪子的，可能只是一棵老树。飞过乡间小房子的，可能只是一只猫头鹰。

如果你下次也觉得自己见到鬼，怕得要命的时候，多想想。

题目改成"见鬼"，重经历轻态度。

略去表达不恰当及被删掉的废话不提，虚构的文章中最容易出问题的地方是视角。比如这篇举例子时一会儿"他"，一会儿"你"，倒不如只用"你"，然后过渡到"我"，像两个人在对话讲故事，增加文章亲切感，也不用取名字了。

露着"钢筋"的那部分，修改的方式也是转换角度。从人的角度不好写，就从物的角度来写。

写文章的初始，往往容易把自己心中所想都堆在纸上，满纸的砖块钢筋、湿答答的水泥。把它们组合在一起要靠逻辑。词与词的逻辑，句与句的逻辑，段与段的逻辑。

后来他告诉我，写这篇文章是得到一篇英文阅读理解的启发。英文的阅读理解基本也就是篇小作文，逻辑与结构往往比中文的短文更清晰，很适合作为范文来学习写作。

练笔与应试作文

小学生作文分两类，一类是练笔，一类是应试作文。

练笔就是随便写。有事可写就写，有情可舒就写，有想法也可以写。总之一气呵成地写下来，再去调整结构，雕琢字句：开篇可吸引人？整篇情节情绪有无起承转合？用词可不可以更准确？描写怎么样更生动？

练笔，可以训练构思、磨炼笔力。所谓的文采，需要在练笔中慢慢酝酿。

举个例子：

遇到流浪猫

小区里常有流浪猫出没，也有人喂它们食物，所以通常我见到的流浪猫都是又大又肥，过得很滋润的样子，但是今天我却遇到了个特例。

我和爸爸晚饭后遛弯时遇到了它，起初我们也没有多注意它，可是它拦在路的中间，似乎不想让我们离开，这让我们得以仔细地观察它：它很瘦，全身黑色，只有尾巴尖是白色的。它的眼睛亮亮的，好像在说话。它跑过来，在我的脚边蹭啊蹭，还发出喵喵的呼唤声。

我立刻明白了它的意图，我在校图书馆的《动物百科大全》中看到过相关的介绍。"爸爸，它是饿了，我们给它找点吃的吧！"

这时路过的一个老伯伯说："我认识这只猫，也认识常喂它的人，我去找他要点猫粮。"我看着他走远，决定在这里等他回来。

可是等了好几分钟，也不见老伯伯回来，我跟爸爸说："要是他不回来怎么办呢？我要回家去给它拿点吃的。"起初爸爸不同意，可是拗不过我的央求，以及猫咪喵喵喵细声细气的呼唤。最终我们决定爸爸在这里看着猫，我回家去拿食物。

一口气跑到了我家楼门口，可是电梯要等，坐电梯时又有其他楼层的人上下，虽然应该只有一分钟的时间，可我却感觉过了一小时，一天，一个世纪。我的心里像有个火炉在燃烧着。

终于到了！我迫不及待地冲进家门，找到原本准备明天当早点的肉松面包和牛奶。回到电梯前，又不在我们的楼层！我转头冲向了楼梯，虽然有点黑，可是，我不能再耽误时间了！

在路上奔跑着，我想我这么心急火燎的，那只猫饿着肚子必定比我更着急，想着想着，我又加快了脚步。

终于到了！在已经变暗的天色中，它还在爸爸的脚边徘徊。我赶快掰下一块面包喂给它，它大口大口地吃了起来。"嘿，它怎么只吃肉松不吃面包啊？"爸爸奇怪地说。"猫在有肉吃的时候，是不会吃面包的。"一个声音回答。原来是老伯伯回来了。"我带了猫粮。"他把猫粮喂给猫咪。看着大快朵颐的猫咪，我的心终于安定了。

这时我发现我虽然拿了牛奶，却没带任何容器。跑了这一趟我也口渴了，于是我把吸管插进去喝了起来，一边喝一边听老伯伯讲这只猫的故事。

原来，这只猫前阵子刚生了几只小猫，所以才会这么虚弱。常喂它的人原本给它留了足够的猫粮，可是昨天，有个人带了三只狗过来，把所有的猫粮一扫而空！

真是令人气愤啊！希望世界上所有的人都能够帮助这些无家可归的小动物，而不是去摧毁它们的家园，掠夺它们的食物！

这篇作文是真人真事，真情实感，以我手写我心。但这种作文，并不适合出现在考卷上。篇幅过长，情节过于复杂，中心不够明确。

应试作文，是一道题。

应试作文的基本要求是：紧扣主题，结构完整，语言通顺，没有错别字。

例如这篇：

我总也忘不了那句话

"变强！只有变强，自己才能自由自在地生活！"

这句话是小说《卡徒》中的主人公陈暮说的。他那时被人一路追杀，才离虎口，又入狼窝。刚刚从追杀中逃脱，又成为阿美城霸主——宁家的阶下囚。就在那个时候他说了上面的那句话。

为什么对这句话印象深刻呢？因为在看到这句话的时候，我刚好也有类似的感受。那段时间我开始打篮球，水平很差，每次都是第一个被刷下场来，真没意思！后来我慢慢地练习，技术一点点地提高，终于可以在游戏中站住阵脚，也终于可以体会到打篮球的乐趣。

我生活的世界不像陈暮所处的环境那样危机四伏，但也如同登山：攀得越高，看到的风景也就越多。自由总是建立在实力之上。因此，我把"变强！只有变强，自己才能自由自在地生活"这句话记在心上，时时提醒自己，不要懈怠，永远进取。

在机构的杯赛或者点招考试中，留给作文的时间并不多，大概要求是二十分钟写足三百字。这需要在平时有相应的训练。

我采用的办法是做套题，下载机构的卷子，严格按照时间去做。评分标准亦依足考试标准。所以我常常会告诉儿子：你这篇文章，可评为一类文，但并不是一篇好作文。

老实讲，二十分钟写三百字，能做到"紧扣主题，结构完整，语言通顺，没有错别字"，已经不容易。若有文采，是意外之喜。

应试作文重逻辑，不求有功，但求无过。

如果只练习应试作文，对写作能力本身是有害的。如同练武只练招式不练内功。只练笔也不行。有些孩子，写出的文章花团锦簇，颇具可看性，但应试却拿不到分数，原因一是文章虽好，不符合要求；二是未经训练，时间有限时不能成文。

解决怕写作文的问题

从小有创意，平时说话也时有金句，甚至小时候写得还不错的孩子，到了高年级写作文却每每枯坐在那里愁肠百结，一两小时挤出干巴巴的几句话——这确实是让人着急又困惑。

究其原因，大概是在他的内心里对作文的认识有了偏差。内心的想法与想象中的范本差距太大，难以违背自己的本心，又不知怎么去贴近范本令老师和家长满意，于是纠结。

试图扭转观念往往无功而返，不如把作文当作技术活儿来做。

整篇作文下不了笔，就尽量把它细细拆分，做出一张表来填。

	开头：用一句话来总结你这篇文章在说什么	
文章的主题 要叙述的事情 要表达的情感	叙述事情1	对应描述情感
	叙述事情2	对应描述情感
	叙述事情3	对应描述情感
	结尾：用一句话来再次总结，点明主题	

记住一个要点，每一段之间要有承接。

之前在看一个视频的时候，我给自己的孩子讲了承接。那是一个描述小孩子练习艺术体操的视频，小姑娘抛起圈，圈落下，小姑娘长大了。这个圈，也就是承接的载体。抽象来说，就是"共同点"作为承接。

上面的表格十分"八股"，却是最基础的练习。很多人认为教孩子写作不能禁锢思维，天马行空才叫好。但首要而基本的任务是：把事情说清楚，围绕中心不跑题，前后呼应有逻辑。

以这个表格作为基础，根据不同主题调整，帮助孩子建立起某类作文的模板。基础打扎实了，再进行发挥。

解决了写什么的问题，再来解决写得干巴巴的问题。

这里推荐一本书：《快快乐乐学修辞》。这本书极具有操作性，通过比较、仿写，令孩子体会到修辞的作用，并了解如何使用修辞。

想要描述的事情	干巴巴的写法	运用了修辞的写法
头发乱	他的头发很乱。	他的头发像杂草一样乱。
雨落污塘	下雨时，雨水落在池塘里，那情景真是美丽极了。	下雨时，成群结队的雨滴在池塘里跳着美妙的芭蕾舞，那情景真是美丽动人。
头发乱	他的头发又长又乱。	他的头发又长又乱，鸟儿都要来筑巢了。
下雨	窗外，天灰蒙蒙的，雨一直下个不停。	窗外，天灰蒙蒙的，雨一直"哗啦哗啦"地下个不停。

以上句子都摘录自《快快乐乐学修辞》。这种方式，对比鲜明，很利于孩子了解修辞的作用，并且，因为简单易模仿，也利于他修改自己的句子。

书中另有一种有效的练习方式，比如：

现象：风很大；

联想到人的某种行为：生气；

拟人句：风伯伯发怒了，他不但"呼呼呼"地叫，还无情地掀起屋顶，拔起树木。

精华在于中间的过渡。孩子在模仿句子的时候为难，往往因为看不出句子中的隐含逻辑，现在将逻辑明确出来，相当于帮他搭了座桥。

离开书，日常生活中也可以做这些练习。对孩子日常表达提出要求，说事要有前因后果，完整清楚。描述事情抓住特点，生动形象。

记得有一段时间我常常对孩子说：换一种说法，更准确一点儿。

在孩子表达不清的时候帮助他：你想说的是不是这个意思？

词汇的丰富实际上也是生活色彩的丰富。

谨以此文送给亲爱的毛妈。

仿写之一：背影与微笑

孩子有半学期没有写过应试作文了，每周写随笔，但随笔在他看来就是信马由缰，想到哪写到哪。没有构思、没有修改的随笔，能起到的作用只是积累文字感觉。有的时候甚至是在死线前用极短的时间赶出来的，这种对写作水平的提高一点作用都没有。

所幸他有一位非常棒的语文老师，每次写的评语都切中肯綮。虽然他并没有对照着修改，但应该还是看进去了。

期中考试语文作文题目是"微笑"，他写得稀烂。虽然分数并不算低，但我感觉有水分。如果对照中考作文标准，顶多是二类文。

他自己也意识到了，故当我提出，不如这次随笔，咱们认真地重写一遍《微笑》时，他答应了。

我找出朱自清的《背影》给他看，作为仿写的模板。

朱自清先生作为中学国文教师，他的散文，可以作为"现代汉语范本"。他所处的时期，写作语言正从文言向白话转变，他在写作中，也有意地去为学生做一个模板，这与作家的创作有区别。所以朱先生的文章，特别适合中学生阅读学习。

尤其是《背影》这篇，结构严谨，字句一丝不苟。我们俩一起读了这篇文章，分析了布局，画出了关键字。

我又把《解读语文》中关于《背影》的分析拿给他看。孙绍振与钱理群先生写得太好，我生怕自己提炼得不够，画虎不成反类犬，不如直接给他原版看。

看完之后，我们做了简单的导图。

四个部分：开头（点出微笑），铺垫，高潮部分（详写微笑），结尾（再写微笑）。

孩子评价：这就是我们语文老师说的要处处点题。

草稿出来之后我看，基本做到了。整篇文章比期中考试时写得要高出一个档次，然而其中有个重大的问题：铺垫过于详细。

这也是这个年龄阶段常犯的毛病，写作手法单一，眉毛胡子一把抓。

铺垫部分只应叙述，万万不要详细描写，越生动，越离题。

将这部分修改后，文章就好看多了。成稿他誊在了随笔本上交给老师，下面是我按照他的修改草稿录入的，可能略有出入，因为他在誊写的时候又润色了下文字。

微笑

我已经两年没有见到我的老师杨丽君了。她上课讲过什么，我已不记得了，只记得她的微笑灿烂温暖。

杨老师是我小学一年级的班主任。我在入学前没有正规学习过，报名时才学会写自己的名字。杨老师讲的课对我来说就像天书一样。转眼间一个单元过去了，要单元考了，我连"天书"的扉页还没翻开呢，自然就考得稀烂。

试卷发下来了，我是倒数第二。当时大家都在教室里大喊大叫，炫耀自己的成绩。我落寞地坐在座位上摆弄一支铅笔。突然一个同学站在我面前，"杨老师让我们俩去找她。"他说。

我抬头发现是那个考倒数第一个同学，心里就感觉不妙。木然起身跟他走，想象着老师会如何大批我们一顿。

杨老师平常总是温柔地对我们，非常爱笑，但我也曾经看到她一脸严肃地批评犯了错误的同学。现在轮到我去承受她的严厉了。从座位到讲台虽然只有几米远，我却觉得十分漫长。

总算走到了讲台旁。杨老师放下一本书，温和地说："你们在幼儿园都没有学过，基础不太好，"她说这话的时候面孔很和善，"所以这次考得不好也是很正常的。不用担心，不要有太大的压力，让你们的父母多给你们补一补，你们只不过起跑比别人晚，并不是不聪明，其实你们都是很有天赋的。"她说到这里，我的同伴已经哭了。杨老师摸了摸我们的头，最后露出一个灿烂的微笑。这个微笑就像春天的阳光，可以融化冰雪，令万物生长。可是我当时对这个出乎意料的微笑有些不知所措，后来才慢慢理解它的珍贵，特别是与杨老师分别之后，想起来甚至多次落泪。老师的这个微笑，保住了我小小的自尊心，并告诉我，一次考试并不代表什么，同样也告诉我，她对我寄予厚望。

杨老师带完二年级就因故调离了学校。在我四年级的时候，杨老师路过学校，顺便来看看我们。接到消息时我一时呆住了，思考着如何表达我的感激之情。可等我到了办公室，老师已经准备离开了，只来得及看到她最后留给我们的一个微笑。不知道什么时候能再见到杨老师，我一直希望，希望有机会对她说一声谢谢。

对比《背影》来看，结构完全一致。这个结构是中学生写记叙文最基本的一个结构。子源老师说过，考场作文，就是答题，那么这个结构，就相当于答题的步骤。

这篇文章最大的修改在"杨老师平常总是温柔地对我们，非常爱笑，但我也曾经看到她一脸严肃地批评犯了错误的同学。现在轮到我去承受她的严厉了。从座位到讲台虽然只有几米远，我却觉得十分漫长"这段，原稿声情并茂地描写了老师怎么批评犯了错误的同学，在修改时删掉了。

仿写之二：一碟辣酱与两个福娃

某次随笔，我们仿写了张晓风的《一碟辣酱》。选择这篇文章是因为它在结构上具有代表性，且简单易懂。先叙事，再引出感悟，最后点明主题。作者的功力在于整篇文章的草蛇灰线，令文章流畅贯通，主题明确。

照例是先读文章，并画出隐藏其中的线索句与词。

成果如下：

两个福娃

在我的书柜最显眼的位置上摆着两个福娃，它们是我小学三年级时在学校的义卖会上买到的。这两个小家伙不但作为我平时赏玩的对象，更时时提醒我"己所欲，勿强加于人"。

犹记得，我在义卖会上看到它们的时候喜出望外。它们十分便宜，才十五一对；而且非常可爱，两对黑珍珠般的大眼睛开心地看着我；做工也细致，它们是用各种颜色的塑料珠搭配着穿成。我想把它们送给妈妈，这么可爱呆萌，妈妈一定会喜欢的。这么想着，我愉快地买下了它们。

当我把福娃作为礼物送给妈妈的时候，妈妈先是一愣，然后开心地收下了，同时还赞美道："多可爱啊，谢谢你想着妈妈。"一看妈妈高兴，我也非常欢喜，出主意说："妈妈，咱们把它们放在你的床头灯下面吧，左边一个，右边一个，看起来多整齐啊。你每天晚上都可以看着它们入睡，一定能做个好梦。"我边指手画脚边等着妈妈的同意，可是，妈妈的脸色为什么这么为难呢？

妈妈终于忍不住说了真心话："你的心意妈妈收到了，但这两个福娃，实在是超越了我的审美，我并不想时时刻刻看到它们。真是太抱歉了。"

大约也曾有人面对过我这种尴尬吧？送出心头好，别人却不欣赏；分享得意事，别人完全没兴趣；有心帮忙，却变成添乱……

而我究竟该怎么做呢？想来，要从别人的角度去考虑吧。放下自己的喜好，了解别人的需要。仔细想想，送的礼物，别人真的喜欢吗？给予的帮助，别人真的需要吗？

己所不欲，勿施于人；己所欲，亦勿强加于人啊。

与《一碟辣酱》结构不同在开头。原文开篇极自然，但作为考场作文，开篇点题必不可少。阅卷老师并无时间与心情细细品味，如不开门见山，恐被认为写走了题。这便是戴着脚镣跳舞的难过之处。

这篇仿写的难度在于后半段的感悟。孩子的初稿，后半段以心理描写为主。

原稿为："我没想到竟然得到了这样的回答，我抱着福娃冲到我屋里关上门，眼泪流了下来。我不能接受她的回答，努力思考着，她为什么不答应呢？我难道不是她最喜欢的吗？她为什么不接受我的……咦，我忽然意识到了什么。我送给了她一个她不喜欢的礼物，她应该有权利不接受，而我还强迫她……我忽然明白了，这是我的不对啊。我并没有理由生气，是我将我喜爱的东西强加到她的身上，理所当然地认为她也一定喜欢，然而

她并不一定喜欢。应该'己所欲者，勿强加于人'，想到这里我推开了门。'妈妈，对不起。'"（原文有分段）

这么写不是不行，文章也是完整的，但就失去了仿写的意义。

由叙事到感悟，是文字抽象化的过程，就像算术过渡到代数。我在给孩子讲解的过程中，告诉他，他的初稿，在写物理实验的过程，而现在需要将现象提取成原理。

我帮他写了第一段，完全模仿《一碟辣酱》的对应格式。

《一碟辣酱》：大约世间之人多是寂寞的吧？未被击节赞美的文章，未蒙赏识的赤枕，未受注视的美貌，无人为之垂泪的剧情，徒然地弹了又弹却不曾被一语道破的高山流水之音，或者，无人肯试的一碟食物……

《两个福娃》：大约也曾有人面对过我这种尴尬吧？送出心头好，别人却不欣赏；分享得意事，别人完全没兴趣；有心帮忙，却变成添乱……

有了示范，他写出了下面的句子，"而我究竟该怎么做呢？放下自己的喜好，了解别人的需要。仔细想想，送的礼物，别人真的喜欢吗？给予的帮助，别人真的需要吗？"然后问：感觉第一句和第二句中间缺一个过渡句？

我给他的语感点了个赞，请他去看张晓风的原文。

《一碟辣酱》："而我只是好意一举箸，竟蒙对方厚赠，想来，生命之宴也是如此吧！我对生命中的涓滴每有一分赏悦，上帝总立即赐下万道流泉；我每为一个音符凝神，他总倾下整匹的音乐如素锦。"

"想来……吧"是非常好用的过渡句式。于是他写下了"想来，要从别人的角度考虑吧"。

整篇文章写成。

仿写，类似于绘画中的临摹，是在训练语言习惯，从文字中学习文字。但其中的事件情感需要是自己的。两个福娃这件事在我家实实在在地发生过，他的感触也是真实的。

仿写之三：这里有我的世界

在仿写《一碟辣酱》的过程中，我发现了孩子在写作中的一个短板：描写。故特地找了一篇从头到尾都是描写的文章让他来模仿。

《这里有属于我的世界》是2014年北京中考的作文题。例文作者不详，摘自《中考满分作文》。

文字为房，标点做窗，这里是诗词筑成的庄园。园内，有头绾发髻、身着长袍的古人，也有轻摇小扇、挥笔泼墨的今士；有人生得意、笑傲江湖的畅快，也有黯然神伤、把酒当歌的悲怆；有一心为国、舍生取义的壮烈，也有报国无门、壮志难酬的愤懑。这里，就是诗词搭就的另一方天地。

引领我走入这方天地的是我的爷爷。爷爷是个大学教授，教古文的。在他的书房里，悬挂着一幅"老骥伏枥，志在千里"的横幅。小时候，我不理解这句诗的意思。每次看到这八个字，眼前总会浮现出一匹老马在河边饮水的画面。后来，爷爷告诉我，这两句诗出自曹操的《龟虽寿》，是曹操对自己的一种激励，比喻年老的人仍要有雄心壮志。我一下子觉得这简简单单的八个字背后，竟然有如此鼓舞人心的力量。就这样，爷爷开始教我背诗词。从曹操到陶渊明，从谢灵运到李太白，从李清照到辛弃疾……

不曾想到，这扇门的背后，居然有这么多中国人耳熟能详的名字。渐渐地，我向这方天地靠近，开始用思想去触摸诗词的温度。"生当作人杰，死亦为鬼雄"的文字热烈，激荡着华夏儿女的心；"空山新雨后，天气晚来秋"的文字清凉，带给人满心的恬静；"山光悦鸟性，潭影空人心"的文字温暖，让人周身充满着阳光的味道；"朱门酒肉臭，路有冻死骨"的文字冰冷，震撼着每一个国人的良知……在这方天地中，我目睹了历史的浮沉变迁，感受到改朝换代的铿锵豪迈；我观看到曾经的秦时明月，体悟到了心若清水的纯净雅致；我认识了才华横溢的骚人墨客，领略到了姿态各异的人生境遇。

诗词丰富了我的生活，开阔了我的视野，给我提供了一个广阔的天地。闲适时，读一读诗词，满眼尽是云卷云舒的摇曳；紧张时，读一读诗词，脑海骤然浮现出悠然南山的宁静。失意时，读一读诗词，心中便会涌起长风破浪的激情。在这个古典古韵的诗词世界中，我徜徉徘徊，流连忘返。呼吸着这里的气息，轻嗅着这里的味道，我满心欢喜，心旷神怡。这里真的有属于我的世界。

坦白说我个人并不喜欢这种文字风格，虽然在我的写作实践中，此种手法运用得尚算娴熟，尤其是在需要煽情之时。之前之所以没有让孩子有针对性地练习，主要怕孩子跑偏了。因为有很多中学生在写作之时，过于注重词汇的华美，而无思想支持，导致文章华而不实，如同化纤为底缀满亮片的旗袍，徒有其形。

但手法仍然需要学习。于是有了这篇：

这里有属于我的世界

一岁说话，三岁启蒙，自小我便知道，于日常生活之外，另有一个属于我的世界。那就是书的世界。在书中，无论怎样艰难的任务，都有一套天衣无缝的计划；在书中，无论是怎样奇妙的构想，都有一幅精密细致的蓝图；在书中，无论怎样曲折的道路，都有一个披荆斩棘的英雄。这，便是书之世界的魅力。

带我进入这奇妙世界的是我的妈妈。妈妈是位作家，她的书柜里堆满了各式各样花花绿绿的书。小时候的某一天，我站在书柜旁，心里莫名地发痒，好奇这书中是怎么样的一方天地，让妈妈每日痴迷。我请妈妈给我读书，妈妈欣然同意了，她拿出了一本色彩斑斓的绘本，从头开始讲起："小栗色兔子该上床睡觉了……"就这样，一个崭新的世界向我打开了大门。

我从未想过这个世界竟然如此奇妙，渐渐地，我进入了世界的更深处，开始设身处地地感受书中的情节。主人公落入重重陷阱时我为他着急，享受美好生活时我为他开心。我的喜怒哀乐随着书中表达的情感变化。在书中，我感受了革命烈士的壮烈，理解了古代诗人的浪漫，认识了伟大的将领、机智的谋士，欣赏了宏伟的建筑，壮丽的河山，领略了人生的方方面面。

书籍丰富了我的知识，开阔了我的视野，帮我打开了心灵，使我可以感知世界中的美妙意境。

心烦时，读一读书，就像立刻到达了海边，凉爽的海风吹走了一切的烦恼；无聊时，读一读书，就像立刻到达了战场，密集的子弹带来了阵阵的紧张；伤心时，读一读书，就像立刻到达了乐园，开心的笑语驱散了重重的阴霾。在这个奇妙的世界，我东走走，西逛逛，观赏着这里的美景，感受着这里的气氛，我沉浸在其中无法自拔，欢喜地想要踏遍这里的每一寸土地。这里，真的有属于我的世界。

孩子成文大体就是这样，足足耗费了三四个钟头，基本算是照着葫芦画了瓢。我对文章细节的改动有两点，一个是讲故事那段，他写的是"从前……"我给改成了"小栗色兔子该上床睡觉了……"，来自我们小时候读过很多遍的书《猜猜我有多爱你》。另外是"我感受了革命烈士的壮烈，理解了古代诗人的浪漫"，他原文是抒情散文的浪漫，革命烈士当然不能对抒情散文，我勉强改了古代诗人。

仿写这篇文章的主要目的是希望他学会运用排比和对偶。排比的核心是同义词的重复使用，对偶则需要意对形似。孩子在这方面仍然需要提高。要谨防为了拗造型而拗造型，需要学会用不同的手法去表达想要表达的意思，可浓可淡。

另附上子源老师对例文的看法：贯穿全篇的表达方式是描写，描写自己心目中的另一方世界（诗词）。表达顺序是倒叙。从体裁来看，不能称作散文，只能说这是一篇比较规范的"作文体"。作者很聪明，大量使用对偶修辞，丰富了文章内容。如果是在考场上，"爷爷是大学教古文的教授"和"谢灵运"这两处细节会为文章加分。

问题：

1. 缺少个性，所举诗句和语言表达对于批卷人或读者而言都较常规。

2. 跑题。文章重点描述诗词的世界，但是没有准确、具体地体现出"我"的世界。

从随笔到应试作文

这周比较轻松，我给孩子布置了一个大任务——把他上学期最得意的一篇随笔改成六百字左右的应试作文。许以利诱后，他同意我全程分享。

随笔节选如下：

绘画与天赋

画画，曾经是一个令我闻之色变的事。上幼儿园时，美术课我总是偷偷躲在大型玩具的角落，不想去画画——偶尔被老师提回去，勉强画出来的作品，也确实羞于见人。

上小学了，不能再逃避上课了。我们的美术老师，是那种朽木不可雕，良木能雕出好作品的类型。第一节课，老师想摸摸我们中的"良木"和"朽木"，于是提了很多关于美术基础的问题。我一是不知道，二是没兴趣，所以整节课都一直趴在桌面上不抬头，自然被老师自动划为"朽木"一类。

一年级还好，老师顾及我们的年龄，基本上没有留作业。可到了二年级，画画的作品便如潮水般涌来。其实要交的作品也只有七幅，对那些爱画画的学生来说十分轻松，但对我来说难如登天。我极不情愿地苦着脸画了两幅之后，就彻底放弃了。对那时的我来说，要让我安静地拿着水彩笔涂色勾边，简直是精神上的折磨。直到交作品的最后期限的前一天晚上，我才弱弱地告诉妈妈我还欠老师五份作业并哀求妈妈帮我画。

妈妈顿时脸就气绿了，不过她也知道我在幼儿园的黑历史，尽管有一亿个不情愿，也还是帮我画了。只是一边涂色一边抱怨："你怎么就没有继承我的画画天赋呢？"

可是这也不是我能决定的呀！妈。

……

曾经贴在朋友圈炫耀过，颇有人夸他随我，但我感觉这事无巨细唠唠叨叨的文风，更像我朋友园心的亲传。

在他构思之前，我又给他强调了应试作文的基本结构。以基本结构写作，本质上是为了满足阅卷老师快速阅读的需要。环环相扣、条理清晰即可。至于情感张力、思维深度，是另一个层次的要求。

"应试作文等于做题，"我在纸上写下等式，"做题，你就要按照一定的格式。"

"最基本的格式如下，"我说，"开篇用一两句话跑马圈地，立个 flag，跟大家说：'这片山头属于我！'"

我试图画个旗子，他嫌我画得不好，扯过去画了个好的。

"开头之后要铺垫，交代故事基本的背景。记住，这段要用'叙述'的手法，万万不要'描写'，一描写就多了。"

他又扯过纸画了半天，是栋萝卜房子，底下有偌大的地基。我扯回来说："地基深一点儿，房子盖得稳，但写文章，这么大一坨铺垫是万万不行的。"

"铺垫中的叙述，要求简洁明了。"我强调。

"接下来就到文章的主体了，这里必须详细，就要用到描写的手法，文章写得是不是精彩，全在这个部分了。"

他画了个华美建筑。

我断然表示："比例不够。铺垫与主体的比例应该在1：4~1：5。"

"最后是结尾，结尾要求简洁有力。"我说，"所谓豹尾。"

"注意"，我说，"四部分，绝不是四个自然段，你要根据故事的节奏去分段。"

我写下了大致的字数要求：开头30~50字；铺垫50~150字；主体400字左右；结尾50~100字。这样合起来大概600~800字，刚好是中考作文的要求。

这件事的难点对他来说大概在于材料的取舍与综合。

随笔中他按时间的顺序一一道来，以细节的真实来打动人。应试作文显然容不下这么多细节，概括与抽象却是他的弱项。不过正因为不擅长，才需要训练，不是吗？

经过了一周的酝酿及反复修改，定稿如下：

绘画与天赋

尝试做某些事情，结果失败了，便归咎于自己没有天赋，不愿再尝试。这其实是以没有天赋为借口，来掩饰自己没有努力的事实。

绘画，就曾经是我掩饰的对象。从小我就不喜欢上美术课，能逃就逃，逃不了勉强画出来的作品也羞于见人。甚至经常拖欠作业，挨到最后一刻求妈妈代笔。那时候我认为这一切都因为我完全没有绘画的天赋。

然而事情在三年级出现了转机。那一年，我被安排与一位"美术高手"同桌。

美术课上，我看她潇洒自如地画出各种优美的线条，那些线条组合在一起便成了一幅美丽的图画，再看看我本子上的那堆垃圾，羡慕之余心生向往。我忍不住请求她："教我画画吧。"

她答应了。从那一天开始，她不停地给我布置"作业"，而我课余时间就尽量完成。先是画各种看起来"萌"的线条，后来她认为画我的吉祥物"萝卜"可以很好地练习线条的组织运用，于是就让我练习画萝卜。

当她第一次随手画出一个表情丰富、活灵活现的萝卜给我做样板的时候，我绝不敢相信自己能够做到。但自己求人家教我，也不能打退堂鼓啊。我苦苦思索怎么才能将萝卜画得生动，却画出了一个个"干巴巴的萝卜""长得像刺猬的萝卜""痴呆的萝卜"……就这样，在"屡战屡败，屡败屡战"的过程中，我积累了很多经验。最终，一次在镜子前作怪的时候，我注意到我"眉飞色舞"的表情，突然明白了如何将萝卜画得生动：恰当美妙的表情加圆润的叶子，明白了之后，一尝试，果然好看。新版的萝卜，都像真的在它们的世界中自由自在地生活一样。经过了一个学期的创作，我的练习册成了"萝卜王国"，有跳舞的萝卜，跑步的萝卜，游泳的萝卜，开飞机的萝卜……在这个过程中，我发现了一个匪夷所思的事实：我爱上了画画。

四年级时，我美术课作业第一次被老师评为优秀作品。六年级时，竟有老师赞我"有天赋，值得好好培养"。

得到这样的评价，我非常意外。不知不觉中，我从"废才"变成了"良木"。而这个经历令我懂得：所谓天赋，不过是兴趣加上持续不断的努力而已。关键在于：是否勇于尝试，勇于努力，勇于往前走。

相比较之前的随笔，这篇文章：

1. 更清晰地展现了主题：开篇点题，结尾深化，相互呼应。

2. 突出了时间线索。

3. 语言方面：避免了口语化的词，基本没有对话，而是采用了综述的方式。并多采用短句子，节奏轻快。

4. 材料的取舍方面：舍弃了大量的细节，突出了重点。

5. 结构方面：注意了环环相扣，几乎每一段开头和结尾都互相照应，令阅读流畅。

这些特点，都服务于一个目的：满足读者的快速阅读需要，在最短的时间让读者收到作者想表达的观点与情感。

但文章的字数还是超了，提炼得仍然不够。

如何取舍，真是个难题啊。

拜托几位语文老师帮忙看了看作文，他们提出了很好的意见。

综合来说，语文老师们认为记叙文还是应该靠叙事来表达主题，以生动抓人。

就本文来说，不足在于叙事过于追求"完整性"，缺少"情节性"。

老师打了个比方：将文章想要表达的主旨当作"绝世武功"，读者可能更想看主角运用绝世武功打败大坏人的过程，而不是主角如何获得绝世武功的过程。

对于应试作文，因其浓缩，更应该聚焦于冲突，追求戏剧性。

老师一眼看出我修改的地方，即那段"四年级时，我美术课作业第一次被老师评为优秀作品；六年级时，竟有老师赞我'有天赋，值得好好培养'"。

老师表示："孩子在写到这些时，不可能不加入抒情的。孩子现在的文风，太举重若轻了，不合适。大惊小怪一点儿，才是学生语气。"

嗯，原文挺大惊小怪的，被我改掉了……

《陌生的经验》，陈丹青的艺术讲稿，里面有一句跟这个意思有点相似："思想、寄托、寓意、境界，不是少年人的事情。所谓虚实、提炼、滋味、风格，是成年画家的智力意图和精神追求，是一种所谓文化上的自我驱策与自我锤炼，少年，则是拿着生命力和感觉做事情。"

自己给孩子讲语文，改作文，实在是因为觉得孩子的课程太多，希望用零碎的时间来做这件事，虽然内心非常惶惑，如履薄冰，也硬着头皮做了。所幸有良师益友不吝赐教，一路指点，不禁感慨自己何德何能，何其所幸！

关于阅读与写作的读书笔记

近日看了《解读语文》（钱理群/孙绍振/王富仁）、《文章讲话》（夏丏尊/叶圣陶）、《怎样写作》（叶圣陶），做了些笔记，以下是笔记的综合。由于掺杂了自己的理解和汇总，不能一一写出出处，故先声明，一切荣耀归于三本书的原作者。

我曾在微博写道："一篇文章有两层，一层是所使用的语言，一层是要表达的内容；学习语文与英文，都应注重前者。道理讲给正在参加英语集训的娃听，命他重复，他道：忽视 meaning，注重 language。get 到点了。"

有留言问："不是立意为重吗？"

这是个误会。

那条微博记述的是学习语言时候的着眼点。当学习语言的时候我们在学习什么——应着眼在文字的形式而非内容上，目的是要从别人的文字里学会记叙、议论……的方法，来记叙、议论……我们自己想要记叙、议论……的事。

学习语言与阅读、写作有交集，但并不是同样的概念。

阅读的过程，一个层面是获取信息，另一个层面是通过文字理解作者的思想感情。写作，是用文字来传递信息，表达自己的思想感情。

文学之所以是文学，或者说我们之所以需要文学，就是因为它关注的始终是人，是人的心灵。

无论阅读与写作，都需要从培养自身的知识情感意志出发。客观上须有确实丰富的知识，主观上须有自己的见解和感悟。

因为，能不能读得懂，写得出，不在于眼睛看到了多少，而在于内心激发了多少。

阅读的过程，先注意作者"怎样写""如何表达"，再由此发现作者在"写什么""要表达什么"。这刚好与写作相反，写作是先有"写什么"的冲动，再考虑如何写。

写作中，叙述的顺序，无非遵守说话想心思的自然规律，如何能清楚明晰地表达自己想要表达的。

文章的中心，是意念中的主张，是情感的集注点。修辞的作用就是寻找到表达这个意思最适合、最准确的话。内容决定形式，权衡全在作者。

写作的根源是表达的欲望，同时，写作又是一种技术。

常有人说多读即会写，"熟读唐诗三百首，不会作诗也会吟"。但现实中读书挺多写作很烂的例子又比比皆是。这个我在书里找到了一种解释。诵读的作用是锻炼语言习惯，但仅有语言习惯是不够的。

写作的基础在于生活充实，有意识地应接外物，持一种观察的态度，养成推理、下判断都有条有理的习惯。也就是说，要训练思想，培养情感，这样才能读得懂，写得好。

所谓写得好，在微观上文章的词汇能够准确地表意，在宏观上内里意思情感浑凝如球、整篇文字逻辑连续如线。

语文中的阅读写作，是一种自觉的训练，培养的是调动和控制文字的能力。

（这里谈的阅读写作，与应试中的阅读题写作题有所区别。有了"本"，学习"术"是容易的；若一开始就只关注"术"，能如何就看天赋运气了。）

几本关于作文的书

有读者让我推荐适合小学高年级和初中生的作文杂志和书，杂志我不太了解，孩子现在唯一看的一本杂志是《读者》。

必须说明，虽然我也尽力"辅导"了，但孩子的作文目前也就是班级平均水平。主要问题在于我俩从个性到文风都完全不同，他写五百字的东西，我一句话就说完了……沟通比较困难。所以我从他初一开始已不再"辅导"他的作文，请他听从学校老师的指导（很幸运他有极好的语文老师），并自己看书，摸索自己的方向。

《作文七巧》是他读得进去的作文书——不但读得进去，还击节赞叹呢。

《作文七巧》《作文十九问》《讲理》《文学种子》是王鼎钧的"作文四书"。四本书都小小的，却将作文最根本的技巧用最朴实的文字讲述得清清楚楚。

这四本书的阅读顺序应该是先《作文七巧》，再《作文十九问》；等到开始写议论文的时候，读《讲理》；有了一定的根基之后再去读《文学种子》。

我最早买的一本辅导作文的书是肖复兴写的《我教儿子学作文》，这本书记述了作者的儿子从小学到高中的作文历程，尤其小学阶段写得非常详细，我个人觉得对于引导孩子走进写作之门是有帮助的。推荐给小学的家长。

之后也买过市面上流行的作文书，比如黄保余的《中学考场作文训练营》，非常的《作文多大点事》。（这两本是留下来的，其他觉得不值得留的，都扔掉了。）

黄保余的《中学考场作文训练营》是他课程的讲义汇编，有相当多的学生例文点评，很实用。

前言里说，第一章《语文写作能力与考场作文备考》适合家长和学生共同阅读，确实如此。

在这章里作者直白地写道："写作与写作文是完全不一样的，它是站在培养语言表达能力的角度来提高你的写作能力，它重在过程。而写作文却相反，你要根据题目的要求完成文章，以此来检测你的写作能力。""严格意义上来说作文是一种应用文，它不代表你的太多的个性，就像一个木头手工艺术家，他是创作各种木制作品的，但你让他做一张普通的桌子，他也能做得出来。"

在孩子小六的暑假，我曾经指导他把一篇随笔改成应试作文，效果并不好。所以我打算在他初二下半学期的时候给他引进这本书，有了积淀，再应试比较容易。

这不是说应试技巧不重要，应试技巧是学生必须掌握的，唯性情论万万使不得。我的思路是想让他先踢满全场，再练点球。

非常的《作文多大点事》，不推荐购买。不知道我的读者里有没有非常老师的粉丝，即使有，我也实话实说了。

这本书类似于我试听的一些语文课，老师的水平很高，讲课的内容很丰富，却不容易被孩子接受。反倒是比较吸引家长。

把太多的东西塞在了一本书里，令人眼花缭乱，大多数孩子没有这个容量去接纳，也没有这个耐心去寻找自己真正需要的。

以上的这些推荐与不推荐，只是一家之言。我多次分享过一句话："让专业的人做专业的事"（五万块学费的一半。另一半是"要明确做事的目的，以此来决定方法"）。我有不少语文老师朋友，在向他们取经的过程中，我意识到，即使我在写作上有一些经验，在教孩子作文上与普通家长只有量的差别，没有质的区别。

只能根据自己的经验说：写作有行之有效的技巧，勤奋是王道。

阅读的观察与体验

由于语文在中考考查中的比重显著增加，家长群里有更多的人将注意力转向阅读。然而也有人提出这样的问题：阅读能解决一切语文问题吗？阅读的重要性是不是被过分强调了？

当然这个问题的本身存在逻辑错误。语文和阅读是两个概念。并且对于任何事情，想寻求一个终极答案，都是幼稚而徒劳的。

但这个问题仍然有价值。因为它的核心是：阅读有什么用？我们如何看待阅读？子源老师就这个问题写了一篇文章。

我也想从阅读的观察者与体验者的角度来谈一谈。

我的孩子从四月龄始自婴儿认知书开始他的阅读之旅。他十八个月时，发生了一件小事，我第一次意识到阅读对他的影响。那时候他每日照例去楼下小花园玩，然而这天，他并没有遇见他每日的玩伴。然后他说："可是太阳还是落下去了。"

这是他第一次用长句子来表达自己的情感。

"可是太阳还是落下去了"这句话来自《周周和红雀妈妈》。用在这里，脱离了字面的含义，用来表达他的遗憾与无奈，是一种抽象化的情感表达。

这就是儿童阅读的一个重要作用：学习理解和表达。

日常的生活往往平淡而重复，书本中的故事提供了更加丰富的情感体验。就像给莅临地球的小客人一本"人间生活指南"，让他们更有效率地获取信息。

有些书，比如"贝贝熊系列"，通过构造一个个场景，提供了现实生活的样本以供参考。这类似于一种预演，令他们在遇到类似问题时拥有间接经验，得以妥当应对。

感情与思考，永远是文学作品的存在的价值。

大概从学龄开始，阅读分成两个枝权，一个为学习阅读和写作而阅读（Learn to read and write）；另一个是为了学习而阅读（Read to learn）。

人只能在游泳中学会游泳，同样地，也只能在阅读中学会阅读。

最先遇到识字量的限制。英文学习中单词量是比较核心的指标，童书都有Lexile分级。中文书在这方面没有量化的指标，但同样重要。

当识字量不再成为障碍后，阅读的质量就成为瓶颈。

家长往往会困惑：为什么我的孩子读了很多书，阅读理解和作文还不尽如人意呢？

这里有考试技巧的因素。除此之外，只关注情节、猎奇式的阅读对学习阅读和写作作用甚微。

如果要为了学习阅读和写作而阅读，在我的观察中，反复阅读同一本书可能是有效率的方法。

一本书，读第一遍的时候，主要的关注点通常在于情节。不过要学习阅读和习作，注意力必须脱离内容集中到文字的表达。

我的孩子在半年多以来反复阅读《福尔摩斯探案集》——同一段时间我发现他的写作有了长足的进展，不过我并没有将两者联系起来。在我的认识中，侦探小说最精彩的就是谜题解开那刻，这种类型的书不要说反复阅读，剧透都很可恶——而且好书那么多，时间那么少。

终于有一天我忍不住问他："老看这本，有意思吗？你在看什么呢？"

他说："有意思啊，我这遍是在看福尔摩斯的话。"

我追问："那你从他的话中看出了什么？"

他说："他的性格。以及，你发现了吗？福尔摩斯和每一个人说话的口吻是不一样的。"

我似乎明白了什么。

他另一套重复阅读的书是《丁丁历险记》。有一天他看着书同我说："你发现没有，有些细节，其实没有意义，但是它会让书充满活力。"

这种细节有个正式的名字叫"闲笔"。它往往与情节无关，却"增一句则多，减一句则少"，是文章可读性的重要组成部分。

从阅读中，透过文字，学到作者叙述事物、表达情感的方法，多加练习，来叙述自己想要叙述的事，表达自己想要表达的情感，这就是"为了学习阅读和写作的阅读"。

关于为了学习的阅读，我想从最近自己的阅读体验来谈。

人到中年，开始重视健康，于是我读了范志红老师的《食品营养与配餐》。因为自身的需求，有了学习的动力，从而有针对性地阅读，这个理由再朴实不过。

之后读的是《跟着大师学语文》系列。因为读过同系列的《文章讲话》，觉得大有裨益。暑假有了时间，就把这个系列其他的书拿来读。在读其中《略读指导举隅》时，又对其中提到的《蔡子民先生言行录》很有兴趣，找了找，没有找到，找到本《蔡元培自述》，看得津津有味。

读的过程中对于前一段时间的一个困扰有了点想法。因为现时很多人推崇《古文观止》，四五年级的孩子就学起来。我自然也有些害怕自己孩子落后的忐忑，但又隐隐觉得有什么不对。读到蔡元培先生讲开蒙的故事，说到那时读书的幼童，有两种读书法，一种是先读《诗经》，取其句短而有韵，然后接四书；另一种是先读《三字经》《千字文》，等等，再读四书。另提到习字与对课。这当然有科举的指挥棒在，但大略可以看出，韵文，以及对仗是古文的基础。从《古文观止》开始，有点操之过急了。

这种从一本书，延伸地读下去，就像只有大方向的旅行，而且走着走着，说不准还会偏离方向。不知道自己会遇见什么样的风景，不知道自己会走到哪里。信马由缰，天宽地阔。

这个暑假还读了本《万万没想到》。比上述的几本，这本书读起来轻松愉快，有些观点非常对我的胃口。有人把自己想说的话痛快地说出来，不用自己得罪人，真也是人生一大乐事。

以上，就是我对阅读的一些观察与体验。

附录：子源老师的文章

我所理解的阅读

子 源

我们为什么要阅读？以及阅读这件事的目的是什么？

这是我们首先要思考的，因为两者并不等同。一个是起因，来路；一个是目的，出路。而阅读在这个过程中，扮演了方法（或手段）的角色。

信息不对等、资源的不均衡和人的功利性结合起来，很容易造成教育过程中对于手段的过度重视，表现有二：一、盲目跟风具体的手段。状元看什么书我看什么书，状元做什么题我做什么题。就算我们能复制手段，但对于状元的家庭教育、成长历程和学习态度又能复制多少呢？这些恐怕才是状元之所以为状元的主因；二、短视，付出一点立刻要求回报。"阅读后我能立刻获得哪些提升？""我忙没时间阅读，能否直接把精华内容告诉我？"起因、手段、目的。手段仅仅是方法，有人阅读能进步，有人阅读是做无用功，这与阅读本身无关，而取决于具体的个人如何践行。

想清楚这三者的不同有助于我们分析阅读的定位及其作用。

一、我们为什么要阅读？

因为我们要学习，要成为更优秀的人；或者我们要消磨时间，要放松头脑。

我们会发现，无论是针对哪一种动因，阅读都不是唯一或最好的方法。我们大可以通过直接向老师系统学习或者与高人交流，潜移默化受影响来完成提升。至于消磨时间，网络时代的方法简直太多了，随便打打游戏，看看新闻，甚至是所谓的"轻阅读""碎片化阅读"，都可以更轻松地打发时间。

因此，阅读并不是提升自己和消遣娱乐的唯一或最好的方法。这一点，我们必须承认，从而避免对阅读的过分神化。

二、我们进行阅读的目的。

既然阅读不是唯一或最好的方法，那么为何大家还是选择了阅读作为自我提高或放松的手段呢？

我们这里只谈求学、求知层面的阅读，不谈单纯为了消遣娱乐的阅读。

阅读分两种，一种是广义的读书，一种是狭义的语文教学中的阅读理解训练。

第一种：读书。

听君一席话，胜读十年书。相信我们都曾在人生中的某个时刻有过这样的感受，我们也意识到了高人高论的好处。那我们为什么不能每天都伴着这个"君"来听他说"十席话"呢？是因为对于大多数普通人而言，生活甚至生命中未必能遇到多少个"君"或与"君"相伴的机会，也未必有多少机缘听到这样的"一席话"来完成个体生命的觉醒。

另一方面，普通人能接触到的优质资源少也局限了我们的视野和判断力，就算"君"出现了，我们也未必能意识到他的好并从中学习。人们宁愿去选择那些在他们的固有价值判断里取得他们"想要的成就"的人。

虽然普通人的资源和视野都是有限的，但无论是否意识到这个事实，我们进步的欲望都不可阻挡。那么作为一个各方面都很平凡的普通人，我们该从何种渠道实现自身的进步/提升呢？在这样的条件下，阅读几乎是唯一能不受其他因素干扰，直接高效集中汲取前人智慧的渠道，而且没有任何门槛，成本极低。

生活中，我们未必有孔子耳提面命，但是可以通过钱穆的《劝读论语和论语读法》更好地学习孔子的为人处事；未必有亚里士多德、维特根斯坦倾囊相授，但是可以通过柯匹和科恩的《逻辑学导论》完成逻辑学入门；未必能经历人生百态，遍尝世间冷暖，但是可以通过《红楼梦》《卡拉马佐夫兄弟》了解人情、人性。这些阅读体验都能让我们在不走弯路、只需要付出必须付出的时间的情况下完成思想的飞跃，拥有超然的视野去思考问题，反省自身。

第二种：阅读理解训练。

这是我现在的工作，即通过对于文本信息的解析和试题的解答，教会孩子们如何去理解信息，表达信息。这是语文教育过程中必备的一环。为什么孩子们对阅读感到头疼？不是文章读不懂，而是不知道如何解题，考试的阅读试题似乎和课堂所学并无关系。

为什么学生每天都在日常生活中应用语文，还在学校专门通过课程学习阅读理解，但是却读不懂母语文章，写不好母语作文？

我想我找到了原因。根据我接触到的大多数学生的现状来看（不分线下线上、地域、年级和性别），阅读理解的有效训练几乎是缺失的。

在中学阶段，每个学科分工不同，侧重不同。对于语文，大多数人可能更多关注的是学科的人文性。不过一来限于考试压力，人文性本身就无法成为重点；二来人文性的教育对于教师个人的要求也很高。语文是美育，是传授人文性和思想性，这是一种以偏概全的狭隘观点，更别提很多人误解阅读理解训练和作文教学是在禁锢思维了。

事实上，语文学科是工具性和人文性并重，以工具性为基本能力，然后通过接触的素材来提高孩子们的审美和判断力，在老师引导下完成视野和思维的提高，才能完成人文性的教育。在这种情况下，阅读训练就像是数学的解题，物理的实验，都是必须完成的基础工作。只有通过这些阅读理解的基本训练，孩子才能掌握语文学科的必备知识，无论应试还是应用。

所以即使是高考的阅读文章，也不至于让学生感觉无的放矢。解题思路不过是小学学课文的思路罢了，分析每段文字信息，概括文章大意，根据文章大意划分结构层次，然后分析层次之间的逻辑关系，最后根据具体试题要求，整合相应信息回答问题即可。

通过阅读的教学，教会孩子们分辨信息的真伪、主次，结合语境分析隐藏信息，判断信息之间的逻辑关系，掌握基本的写作方法，了解作家的思想，这些都是阅读训练应当也必须做到的，这便是阅读的不可替代性。

（鉴于这样的特殊性，说句题外话：语文不能替代任何其他学科，其他学科也不能替代语文。）

三、如何看待阅读？

诚然，阅读不能解决现实生活中的所有问题，但世界上难道存在这样的一种包治百病的方法吗？我们所寻求的方法，不过尽可能适合自身情况（无数先贤智慧总有适合你的）、付出代价小（现在购书快捷又便宜）、获得进步大（好的书籍会随着人生阅历的丰富而常读常新）的手段而已。从这个角度看，阅读有着天然的优势。

最后分享一下我对阅读的看法：从一个自然人的角度，具有阅读的习惯，不见得是什么了不起的能力；不喜欢阅读，也不能说明这个人就境界低劣，说到底无非是个爱好罢了。从学生的角度，无非就是某学科没学好罢了，和数学不好，物理不好，没什么本质的区别。

但这不应当是我们不阅读的借口和自我安慰的理由。

对于一个自然人，我们常挂在嘴边，人活一世开心即可，知足常乐。不过当你看到别人过得比自己还好时能做到欣赏而不羡慕，并且不后悔自己当初的选择时，这才是真正的知足常乐，而不是逃避现实地自欺欺人。

对于需要应试的学生而言，从阅读理解能力的考察，能够判断出你究竟是只会空谈情感和感受，仅从表面现象看待事物，还是能够排除主观臆断和脑补，基于文本、结合语境来提取、处理并根据相应要求来表达相关信息。

而阅读，就能让你更好地认清自己究竟是哪一类，或者，要成为哪一类。

（谢谢子源老师授权）

阅读对写作的促进作用

常有人问我，孩子挺爱读书的，为什么就不会写作文呢？

这是个复杂的问题，各家有各家的情况。我只能说一说我对自己孩子的观察和自己的经验。

一、反复读一套书，或者读一个作者的系列书，会自然习得写作的风格。

我的孩子曾经在长达一年多的时间里，反复读《卡徒》和《福尔摩斯探案全集》这两套，从现在来看，他的谋篇布局受《福尔摩斯探案全集》的影响比较大，喜设悬念；而行文的风格颇似方想大神，即《卡徒》的作者。

并不像我。

我自己受亦舒、古龙的影响更多，都是年轻时反复看过的书。至于我偶像鲁迅先生那是刻在骨子里，写作的时候要非常克制才能把尖锐之处磨圆。

也许有人会问，既然知道这点，为什么没有给孩子引入文笔更好的作者呢？

买书是容易的，他喜欢看哪本，却不是家长能够决定的。家长只能决定底线，薯片书看完了就扔掉吧，不要给他反复"学习"的机会。现时不少孩子行文一股漫画腔，游戏腔，这就是底线定得太低。

二、做阅读理解题，即对短篇文章的分析有利于把握作文结构和节奏。

我们在六年级的寒假做了一些阅读题。当然初衷是为了提高成绩，在我发现语文成了他最差的一科之后。虽然有善解人意的毛妈安慰我不是他语文不行，而是其他科目进步得太快，但是孩子语文到不了平均分，对我来说还真是有点痛的现实。

抓一抓确实见效。应试这类，多练习必有提高。意外之喜是他这学期的作文在结构和节奏上有了明显的进步。

想了想，应该是因为阅读题最基本的考点就是梳理脉络，文章如何起承转合，完整的逻辑关系是什么。

在阅读中学写作，倒是比直接教写作技巧更容易接受。照猫画虎，比着葫芦画瓢，总比对照干巴巴的原则好操作。

顺便说一说我自己帮孩子指导作文的原则。

我曾经提过，改作文只能在孩子的基础上改，他做的是件马甲，你不能另裁了旗袍。

现在想明确改字句的原则。以文达意，如果觉得某句别扭得紧，就问问他，写这句是想表达什么意思？有什么样的观点与感情在里面？怎么才能精确地表达他内心所想？

勿要只盯住修辞与文法。修辞与文法都是精确表意的工具。

五年级如何快速提高奥数成绩

（本文适合学酥阅读，且目标不是成为学神而是站在第二梯队的前列）

第一是过计算关，分数的计算和解方程（组）。

一定一定要准确快速。由于进度快，很多孩子对于分数的计算和解方程（组）只是掌握了方法而并不能够熟练地运用。这两点不扎实，会导致孩子的成绩不稳定，会做的题做不对。貌似"粗心"，其实是计算上的不熟练。

训练方法是集中一段时间，每天30~50道，由简到繁，由慢到快。半个月，即见效果。怎么判断计算过关：作业、考试没有计算错误。奥数考试很少有单纯的计算，而学校作业或考试，计算占主体。所以如果学校数学考试不能满分，就要仔细分析。现在家长往往不重视学校作业和小考，但其实学校的内容虽然简单，却是基础中的基础。

第二是分析错题，发现一个漏洞，补一个漏洞。

这就要求孩子在做题中写详细的步骤，只有这样，才能分析出到底问题在哪里。

一般会出在以下三方面。

1. 概念不清楚。特别是数论中那些长得很像，含义也仅有细微差别的概念。做题时理解错误，就失之毫厘、差之千里了。推荐《全国68所名牌小学毕业总复习（数学）》（长春出版社），内有各种概念的标准解释。

2. 公式不会背。这也是常有的事，比如循环小数化分数，平方和立方和公式。别无他法，多做多练，才能记住。

3. 逻辑性错误。十岁左右的孩子如果没有经过训练，对题目的认识往往是感性的。不能一眼看出做法的题目，初始是"能求点啥求点啥"，然后慢慢凑出答案。在此之后，要回头分析其中的逻辑关系。对于逻辑性错误，要分析出错在哪，为什么错。

第三是针对性训练。

哪里不行补哪里，这样才有效率。训练要建立在分析错题的基础上。

如果发现明确的漏洞，先讲懂，再用类似题目练习。隔段时间，再回顾。不要指望一次就解决问题，不要用"不是跟你讲过了吗怎么还错"去责备孩子。

做练习时，专题和套题要相结合。每周掐点做一套卷子，打分。但牢记分数告诉你的是你的位置以及该加强哪一点，而不是"生气吧"。做套题的好处一是能发现哪个专题掌握得不足，二是能复习各个板块，不至于很久不做忘掉了。

一段时间，集中训练一个专题。满身是窟窿怎么办？补最大的那个。力求本专题每一个知识点都掌握。在此推荐高思"乐乐课堂"和"高思刘中国老师"的小游戏（引号内为搜索关键词），各个专题都是基本知识点，如果能快速通关，说明掌握得还不错。对于经典的题，可以重复做。所谓经典的题，就是能够融合多个知识点，又不偏难怪的题。不要把时间浪费在需要特殊解题技巧的题上，那些是给学神们玩的游戏。

举个经典题例子：

甲、乙两人分别驾车从A、B两地出发，匀速相向而行。相遇后，甲继续行驶了300米之后，发现忘带东西，于是立刻返回A地，同时速度提高2/3，此后速度保持不变。甲在距离A地14.4千米处追上乙，甲到达A地后又立刻前往B地，在距A地1.6千米处与乙第二次相遇。当乙到达A地时，甲距离B地还有16千米，当乙出发时，甲已行驶了多少千米。(金春来老师版权)

这个题出得非常漂亮，环环相扣，每一环包含一个基本知识点，毫无特殊技巧，考的是基础和分析能力。这种题，如果一次能做对，说明对这个模块掌握得就比较扎实了。如果做不对，错在哪儿，就补哪个知识点。这种题，反复地做上几遍，会有质的突破。

顺便说一句，如果对窟窿的认识是"行程不好"，那是不容易补上的。一定要找到，是哪个具体的知识点没掌握。

基本的知识点掌握后，解题思路很重要。时间紧，难题可以不必要求"自己做出来"，看详解，能看懂，也是一种学习方法。看完之后，讲出自己是哪里没想到，别人的解题思路是什么。这不是扎实掌握的方法，但是个快速提高的方法。

五年级如何快速提高语文应试水平

(本文适合语文基础尚可的同学阅读，语文基础较差的请直接看附录)

为什么学校语文成绩还不错，一到机构杯赛或点考就悲剧呢？

两个答案：

第一，时间问题。

大多数孩子杯赛的语文都做不完，大片大片的空白。这里面当然有的是真不会做，但会做的，也很难做完。具体到我家小儿，之前基本阅读和作文只能做一个。阅读做完了，作文就半截。先写作文，阅读就空白。

所以，做套题很重要。下载了杯赛的题，掐着表练。到点就收卷，先不论对错，看看能做几成。培养语文考试"不管对不对，写了再说"的习惯。因为往往等你琢磨出来一题，后面的就根本没有机会写了。

第二，差距在阅读。

不少人对阅读有个误解，认为这种东西怎么可能有标准答案呢？实际上是有的。因为，阅读考查的其实是从文章中提取信息的能力。

切勿脑补。

这对于十岁左右的小孩来说是个挑战。因为他们的思维方式最擅长脑补。但做阅读题要求必须有出处、必须有逻辑。

具体学习方法是分析正确答案是怎么来的，每一句对应文中的哪一部分，理清其中的逻辑关系。另外，答案本身亦要符合逻辑，自圆其说。

以此为指导思想，多练习，很容易提高。（也是因为普遍从零起步）

附录：

以上两点是纯粹应试提分的方法。但语文其实是最不应试的一个学科，如无基础，提都提不起，所以以下内容非常重要。

很多人都会说，学好语文最重要的是多读书。的确，大量的阅读才能建立起语感。但读什么和怎么读是关键。如果博览群书（漫画），那就没什么可谈的了。如果读小说只看情节，那也没什么可谈的。要选文笔好的书，历史也好，小说也好，散文也好，科幻也好，能够读得下去，愿意反复读就好。只有反复读，才能看出作者用什么样的手法来营造意境与搭建情节。等到自己需要表达的时候，就自然而然地用上了。略算捷径的一个方法是选自己特别喜欢的作者，找尽量多的作品来看。每个作者有自己擅长的表达方式，如果不打算专业搞写作，学其一就够用。

阅读是基础，但仅靠阅读是不够的。不能落到笔头的语文学习都是花架子，一定要写。

字词反复地听写。这个基本上在学校的语文教育中可以完成。如果学校老师不负责，就需要家长注意。

语文常要默写。特别是国学名句和古诗词，失分太过可惜。趁着假期，先抄后默，力求过关。

作文要练习。开始不管写什么，先能写出来再说。之后再谈立意和结构。

另外要提一下文言文。文言文在现在的考试中占据一定地位，而且往往是差别所在。起步可以用《小学生古文入门》系列，短小有趣。另外，背诵名篇名句，是建立语感的好方法。

其他推荐资料：

三四年级，可以用高思大语文的网课，当作评书来听，建立较宽的知识面。五年级，就直接用高思的《小升初语文一本通》，该背背，该做题做题。

基础知识巩固可以用《小升初语文百题大过关》基础百题。

关于高年级及初中语文的学习，可以看子源老师的公开课（http: //www.youku.com/playlist_sh...ode_pic_page_1.html）。

按自己的需要选择。

五年级如何快速提高英语应试水平

（本文适合之前学习lily、瑞思等注重听说的课程，阅读能力到兰斯阅读分级550L左右，但语法偏弱、不会考试的同学）

第一步，是要过单词关。

童书的词汇和考试中的词汇范围不同。虽然孩子读章节小说可以一目十行，津津有味，但拿到考卷，就没那么轻松了。

需要掌握国内中考单词。

推荐工具："百词斩"。App，在Apple Store可以下载。学习模式，建议调到每天五十个单词左右，这样不到两个月就能完成。

未必需要默写，但过了一遍之后，需要认识，并了解大概的用法。

该App另有一个功能是单词电台。在背完之后，可以坚持听，滚动记忆。

第二步，做题。

推荐工具：《五年中考三年模拟》，内有最近五年的中考试题和三年的模拟试题，分门别类。也有相应的语法知识点介绍。

不用去逐篇学习语法。当然如果说你有恒心你有毅力你一定要把所有知识点背下来——我敬你是条汉子。（2016年补充：在完成小升初任务后，语法还是要细学。）

直接做题。单项选择部分，每天二十道，从中挑出错题，来学习相应的语法的知识点。第二天接着往下做，争取不错同样的知识点。

单选题全部做完之后，再把所有错题集中，滚动练习。每天二十道左右，对了就删除，再加入下面的。错题库怎么建？我手敲的，您随意。

接下来做完成句子。

同样，每天一张A4纸的题量，对了就删除，不对的第二天接着做。如此滚动前行。

不会的部分，以背诵整句的方式来记忆。

百词斩中的单词不一定会写，但完成句子中的单词一定要会写。

之后做阅读理解和完形填空。

因为学的是注重听说的课程，阅读理解和完形填空的失分一般不会太多，但有时间的话，练一练提高也很快。

方式是做题，全对的就不用讲。错得多要精读，背诵特别的段落。

并不是能读懂就一定会做题，和中文阅读一样，英文阅读也是有技巧的。不过相对中文阅读来说，英文考点要简单得多。要点依旧是："忠实原文，切勿脑补。"

什么样的段落要背诵？大词比较多，结构经典的。比如这句：Assertiveness is the ability to confidently express your opinions, feelings, attitudes, and rights, in the way that doesn't infringe the rights of others。

祝取得好成绩。

补充一句：以上为应试招数，英文水平要提高，多听，多看，多说，多写。除此之外，别无他途。

关于历史启蒙的随便写

有同学问到孩子的中国历史启蒙，我没系统地考虑过这件事，只能把自己零碎的经验教训写一写，敬请指正。

说到中国历史，好感慨没有类似于《希利尔讲世界史》这样简单又有趣的少儿读物。大概是中国历史太过博大精深，挂一漏万的缘故。

旁人推荐过一本《林汉达中国历史故事集》。家里有，起初儿子不爱看。我看过觉得书本身不错，都是一个个的小故事，语言也风趣易懂。孩子为什么不喜欢，我也不知道。也许是太厚了。如果大家想要买的话，推荐选择分册的。后来，孩子不知怎的开始看林汉达，并爱不释手。

儿子的国学历史的启蒙，基本上依靠的是有声读物。

小的时候听过许多历史故事，用的车载 CD，具体的名字我已经不记得。刚刚搜了一下，没找到原先的那种，但类似的有很多。小孩子总归是喜欢听故事的，特别是在路上。

后来，就有了 iPad，真是造福人类的发明。

他最喜欢的 App 有三个：三十六计动画，让孩子长智慧的100个成语故事，让孩子懂道理的100个成语故事。反复听了许多遍。

说到成语故事，有套书叫《成语小学堂》，台湾版，相当好。

中国的成语故事，大多就是历史故事。成语故事的那个 App 出版商，还出了《论语》等，形式是一样的，但那些儿子都不太爱听。我也下了《中华五千年》，他也不爱听。不爱听，就算了。也可能是时机不契合。他晓得有这样东西，什么时候有兴趣了，再听。

我始终坚持的原则，是给孩子尽可能地提供各种资源。选择什么，由他决定。知之者不如好之者，好之者不如乐之者。保有他的兴趣，比学到知识的多少更重要。

袁阔成版的《三国演义》令他着迷。抽出一切可以利用的时间去听，从中得到无限的乐趣。

这种状态就很好。教育最可悲的误区就是把所有的"好"东西都变成了任务，把原生的动力变成了压力。其实他若从中得到快乐，自然会寻找更多。

北师大版三年级上册学到了朝代歌。这样他把听过的历史故事各自归位，前后串联了起来，有了整体的概念。

在机构课程上，我推荐高思的大语文。文史不分家，学语文的过程也在学历史。这门课是儿子最喜欢的，顶风冒雪，多冷都要去。病了，强打精神也要去。不在北京的同学，可以购买他们上市的语文课本当作课外读物，或者选择网课听听看。

小学打好文言文基础

在这件事上我们走了一些弯路。

头开得很好。二年级下的时候请了位老师给他讲书，其中就有白话文的《西游记》。但是由于种种原因，这件事没有延续下来。

现在回头看这件事，我发现，靠老师终归要受客观条件的限制。这种水滴石穿的事情，不如家长来规划，兼培养孩子的自学能力。

以白话文为初始，来开启文言文的大门，是比较恰当的。白话文带有一定的文言词汇，是文言文与现代文的桥梁。

老师当时用的是老绘本。一些民国课本之类的，应该也都可以。

孩子整体阅读量上去后，就可以引入更多。

我个人认为打好文言文基础分为两部分：背诵和泛读。

背诵主要是古诗文的背诵。

我们学校的语文老师一度要求每周背诵一段，五十字，不拘什么。当时我用的是《小学生小古文一百课》，这本书的选文非常简单，基本不需讲解孩子都能理解内容，有不少名篇中的名句。

如果从提高效率、有利应试的角度来说，可以直接背诵小学生必背古诗词和初中生必背古诗文。不但会背，而且需要会默写。这两个都有多种版本，可以自由选择。

泛读，现在想想应该从小短文读起。

我们在这方面走了弯路。当初选了一套颇具好评的诵读经典，但其中颇多篇章佶屈聱牙，我自己读都要不停翻查资料，孩子连看都不想看。

后来选了《小学生古文入门》这套书，非常受益。

这套书有读寓言、读典故、读神话、读课文、读对联，每篇篇幅不长，生动有趣，并有现代文翻译和一些练习题。我们作为练习册用过一本，因为我发现颇有些语文卷子上的文言文阅读出自其中。其他的孩子自己读完，一度爱不释手。

读完这套书后，接《文言文启蒙读本》。这本书相对较厚，没有现代文翻译，但有个别关键词的解释，也有小练习。

这本书我们用于亲子阅读。他读，我来解释部分读不懂的地方。这本书的难度和内容作为泛读很合适，都是小故事，不长，有些还挺可乐。常用的文言词会反复出现，并有总结和详解。

不管学什么语言，都要以大量的阅读为基础。这点在学习文言文上却往往被忽视，注意力被集中在词汇和语法上。又有另一个极端是太注重背诵，注重经典，忽视了孩子的理解能力。很多经典不是不好，但在形式和内容上都不能被孩子所接受。不如在有了一定的历史知识和阅读能力之后，再去引入。

从素质的角度来说，打好文言文的基础，是传承中国文化所必需的。所谓"腹有诗书气自华"，肯定不是指漫画。

从应试的角度来说，中高考文言文的考查会占据更多分数，且范围扩大，要求提高。只精读课内文言文，不够用了。

要走多远，实无尽头。多看多读，是唯一道路。

小学阶段的英语学习规划

本文纯属个人意见，权作参考。

首先，我对英语的定位是第二语言，也就是说，并没有打算让孩子低龄留学，或者在国内接受纯英文教育。那样又是另外一种学法。

其次，个人认为，在小学阶段，最需要花时间精力的是中文阅读，包括历史、国学、文学、科普的基础阅读。一方面是知识储备，另一方面也是对语言的理解运用。英语阅读时间一定要有，但不能压过中文。

第三，从现实来说，数学仍然是王道。但从学科特点来说，英语侧重于记忆和积累，数学侧重于理解和练习。故低年级课外学习以英语为主，数学为辅；高年级转为数学为主，英语为辅。

市面上英文课程很多，个人倾向于选择以听说读写为主导的课程。大概开始时间在五岁到六岁之间比较合适。之前可以在家里看看英文动画和绘本。

选了课程，就请一丝不苟地按照课程要求完成作业。（这一条非常重要。）

课堂上输入量肯定是不够的。沙老师说：有效教学时间（会少于课堂时间），重复练习，自学的合理时间安排是1：2：3。这一点我非常赞成。任何课程，只有这样，才能真正理解和掌握，而不是"知道"。

我们当时选择的是类似于lily的课程，开始要求听随堂录音。我是在他玩玩具的时候放录音，边玩边听（让他坐那里集中精力听实在太难，现在看来边玩边听效果也不错）。但我们复述这个作业完成得不好，后果是现在他听力不错，说就差点。时间花在哪里是看得见的。

之后有小说的听/读作业。听的部分是选择题，这个我们完成得不错。读的部分有问答题，这个我们在五年级之前做得好，进入五年级全面攻数学，就放下了，很可惜。（我们英语课程是二年级才走上正轨，有点晚了，导致英语和数学学习有了冲突。）

之前做问答题的时候，老师只是给了答案，要求孩子对照后改错。我觉得这样学习不够充分，所以自己把孩子的答案看一遍，修改他的语法错误，有针对性地给他讲解。这个过程对他相当有帮助。

课程之外，我没有刻意地去给英语加量。现在有许多好的书、视频本身就是英语的。以内容来选择，尽量看原版。这也是我们学习英语的目的，当有了需要，不要让语言成为障碍。

选择以听说读写为主题的课程，会遇到在考试中不能发挥实际水平的问题。低年级不必介怀，那些成绩都不重要。到了高年级，可以集中加强应试，具体可见《如何快速提高英语应试水平》。

要不要考 KET、PET、FCE，等等，个人建议在达到相应水平后可以考，衡量一下学习效果也找一找差距。之间参加个所谓"冲刺班"了解下题型就好，如果本身积累足够，在家做几套真题熟悉也可以。不赞成以通过考试为目的去学习专门的考试课程。当然这些课程本身也会提高英语水平，不过这就像钢琴考级，只练考级的曲子，不是真的音乐。

关于语言学习没有捷径，多听多说多读多写，有多少努力就有多少收获。

作为家长，能做的一是给他选择适合的课程，二是在日常帮助他坚持听说读写，不在量有多大，而在天天坚持。以课程为主精读，其他为辅泛读。

相关资料在网络上应有尽有，选择孩子有兴趣的就好。

写给低年级家长之一

去年有不少亲朋好友的孩子光荣地成为一年级的小豆包，度过兵荒马乱的幼小衔接之后，开始考虑安排小学的学习，颇多咨询。特写此文一并说说自己的看法。

要不要上课外班？要不要学奥数？

答案是要。

九年义务教育所划的学习范围，是以智商的中线为基准。校内不许越界，一定有一半孩子学有余力。能读到这篇文章的家长，孩子估计都在这一半。

课外班上什么？从升学的需求来看，奥数是必备的。虽然禁奥许多年，但到目前为止，数学仍然占据着小升初考核内容的半壁江山。令人绝望的是，对面那半壁，要求也越来越高了。且，很抱歉没有把这条列在前面：奥数作为数学的提高，如果教得好，的确可以非常有效地培养孩子缜密、清晰的逻辑思维。

英语如果未经课外培训，进入中学后会非常被动。因为英语水平是靠时间堆起来的，尤其是现在对阅读能力的要求日渐提高，绝无可能短时间突击。如果有留学的打算，更要早做准备。

如果孩子能够大量阅读，语文可以不上，家长请费心选择读物。

上几个？要不要跨年级上？

在孩子的小学阶段，我见过很多极端的家长。有"我就不信一个课外班都不上就上不了好中学"的，更多的是"只要学不死，就往死里学"的。

童年只有一次，童年不是为了成年做准备而存在的，它也是一段独立的、值得拥有更多更丰富内容的人生。

对于非某方面的天才，各科上一个，认真地学好就够了。

如果孩子有天赋，有兴趣，可以进入更专业的领域学习。

竞赛搞得好的，多数会有三个左右的数学班。但那是金字塔的塔尖，更多从小跨年级上奥数，日夜刷题的孩子，到了中学，消失在风里了……

说句不好听的，当大家都很努力的时候，拼的就是天赋了。父母要认清事实。不要相信什么"人有多大胆，地有多大产"，那不科学。边际收益低到一定程度，就不值得投入了。

有的时候家长未必有那么功利，只是挑花了眼。因为市场竞争激烈，各个机构推出具有差异化的产品，家长往往觉得这个也不错，那个也很好，单学哪个都怕漏了点啥。

不要那么贪心。别让孩子把所有时间都花在教室里。

怎么选择老师和课程

多试听。

差异化的产品，一定各有各的好处，要看哪种符合自己的教育理念，符合孩子的需要。

同样的内容，不同老师的讲法不同，效果也不一样。孩子喜欢，有收获，最重要。

选定了，除非有非常明确的理由，不要轻易换。一会儿觉得这个不错，一会儿觉得那个好，在不同体系中来回跳来跳去，到头来往往什么也没学好。

家长要做什么

不要再说什么"我们小时候学习，父母从来没操过心"。

时代真的不一样了。别人都集团军作战了，如果还让孩子小米加步枪上场，这不公平。

父母第一要做的是搜集各类信息。该关注的公众号关注上（比如：

小石头侃升学；家长帮；好未来教育研究院⋯⋯）；该加的群加上（每个机构都有自己的年级群，如果被允许的话，建议在本年级群之外加个高年级群）；机构的论坛时常去扫一眼，学会"挖坟"，找到自己需要的参考。

刚刚开始搜集信息的时候会容易焦虑，看多了就知道该关注什么了。对自己孩子有用的才是有效信息。

顺便说一句，小学家长要关注一点中考信息，初中家长关注一点高考信息。因为学校一定是围绕着高考的指挥棒转，从上至下有所联动。风向标不用总看，但有大的变动一定要知道，别走岔了路。

第二就是要了解自己的孩子。知道他的长项和弱点，知道用什么方式来引导他前进，帮助他把目标落到实处，铺路架桥。如果自己不会，去找会的人。

要记住家长是军师，不是监军，更不能赤膊上阵替孩子上场——这个真替不了。不要把时间都浪费在给孩子抄笔记上，在具体事情上，家长做得越多，孩子越学不好。

小学阶段最重要的是什么

对于孩子来说最重要的是培养能力。

所有的课程，知识点是表面，能力是核心。如果抛开知识点，孩子什么都没学到，那么这个课程不值得上。至于培养什么能力，可参见《智识分子》（万维钢著）。虽然我并不完全同意他书里的观点，但他提出了一个特别好的思路：我们的孩子进入的社会，很可能是人工智能广泛运用的社会，那么我们的孩子，要具备什么样的能力才不会被机器人替代呢？

需要特别说明的是，绝不能看低知识点的重要性，知识点可堆砌思维的背景。不存在飘浮在真空中的逻辑、创造力，以及想象力（傻玩不是素质教育）。但不要只盯着知识点，Google 出现后，单纯知道得多，就不意味着好了。

对于家长来说，最重要的是和孩子建立有效的沟通模式。"父母永远是对的，所有的沟通都是为了说服孩子"的沟通模式不是有效的沟通。父母的影响力在于以身作则，父母的说服力在于有理有据，强有力的专制管理在一定阶段是有用的，甚至是最有效的，但随着孩子长大一定会遭遇抵抗，从非暴力不合作到彻底崩盘。

如果一个青春期的孩子，在最应该发力学习的时候，把大部分精力都用在跟父母对抗上，多么可惜。

写给低年级家长之二

《写给低年级家长之一》说的是大的方向，这篇谈谈具体的问题。

先谈谈所谓天赋的问题。

天赋当然存在。但义务教育阶段的课内要求，都不需要任何天赋，或者说，都在努力可以弥补的范围。

所以在遇到困难的时候，别去想什么"我小时候语文就不行，这孩子随我吧"，或者"咱孩子想象力特丰富，数学不好也是应该的"。别找理由，别留后路，什么不好练什么，没有学不会的。

贴段比较有趣的话。

初中就是知识都很简单，就看谁认真。所以与其找个专业好的老师，都不如找个打手，不做题就揍，效果都比好老师强。高中才是，很多孩子有了努力的态度，但依然学不好，因为没有好方法好老师，从自私的角度来讲，我更喜欢教高中，因为那样才有成就感。

初中如此，小学更不用说了。

找个打手当然是开玩笑，请想方设法地教会他，自己不会教，就请人教；并温柔而坚定地陪伴他前行，不抛弃，不放弃。

再来说说对课外班学习的要求。

会有这个问题是因为家长觉得内容属于课外补充，没那么"重要"。机构老师要求也不如学校严格，如果家长全程紧盯的话，既辛苦又易破坏亲子关系。

这种想法对不对，看看周围有多少成年人做事不以效果为准绳，只以去做了为心理安慰就知道了。

低年级孩子的课外学习，除了天生的强迫症，都需要父母帮助。帮助的点不在教学内容上，而在帮助他合理安排时间，不打折扣地完成老师布置的任务。

不仅是为了所学课程的学习效果，更重要的是，从开始就养成严谨认真的学习习惯。

聪慧快一时，坚韧才走得远。

最后列一下家长与孩子谈学习的原则。

1. 重在努力，但不回避成绩；鼓励进步，但不回避问题。

2. 希望孩子面对问题，家长首先要心平气和。孩子不够聪明，是你生的；孩子不够认真，是你教的。再发火，更是做出坏榜样。

3. 忍无可忍，重新再忍；教了不会，重新再教。教育的困难之处不仅在于内容，针对内容总可以找到方法，一个不行试另一个；教育的最困难之处在于意志的角力，你与你的冲动，你与你的退缩。

老实讲，就像生孩子第一年是夫妻关系的真正考验一样，入学第一年才是亲子关系的真正考验。

稍后还有小升初、中考、高考大礼包。

小升初后

小学到初中，是一个极大的变化。

现在择校的余地已经很小，只有寥寥无几的孩子能进入单独招生的"超常计划"，绝大部分孩子会进入片区内的中学。至于会进哪一所，看运气。

绝大部分学校，从课程设置到师资，应该都够好。够好的意思是足够满足一个正常学生的需要，天才不在其列。

区别在于风格。

风格有两类，一类是以分数为主导，要求父母全面介入的。

说到作业多，老师会说：关于作业这个事情，我们也是经过多方面考虑布置的量，家长爱孩子我们很理解，但是孩子真的哪天晚上晚睡一会儿就会导致什么后果吗？我看也未必。

说到管孩子，老师会说：必须得管啊，得提要求。他是孩子啊，你们是两个大人，怎么也能想出办法搞定他。

家校联系非常紧密，每天需要家长检查作业完成情况并签字。几乎每天都有小考，会公布学生的名次，小考班级排名，大考年级排名。

另一类是贯彻"现代教育理念"。

说到分数，老师要求家长看到分数背后的东西，帮孩子学会学习，不要整天分分分的，就像您不希望有人整天跟您钱钱钱一样。

说到管孩子，老师说：关注而不代替；给出"选项"，呈现"后果"；赋予孩子"选择权"，"自主"不等于不管不顾，"放手"不等于"放羊"，要教给孩子怎么做，或者引导孩子切实思考怎么做。

家校联系一般在孩子有了大问题之后。考试很少，即使大考，也仅私下通知班级名次，不公布年级名次。

这里说的是两个极端。多数学校在区间里，有的偏左，有的偏右。

单从字面上来看，显然第二类更"正确"。但我想指出，提与不提，分数都在那里。管与不管，其实没有选择，家长必须管。

这两类学校适合不同的孩子和家庭。

如果孩子在小学没有自主学习的基础，家长期望值又高，认可"吃得苦中苦，方为人上人"，适合第一类校。粗暴执法效果好。

如果孩子在小学有自主学习的基础，与家长有良好的沟通，家长有耐心"静待花开"，能承受失败控制焦虑，适合第二类校。自主是长久之计。

大多数孩子和家庭也没这么极端，有时偏左，有时偏右。

但现今选择权并不在孩子手中。

那么，当进入第一类校的时候，要明白：宝剑锋从磨砺出，但压力过大易逆反。进入第二类校的时候，要明白：成长比成绩更难，而最终考核，还是要看成绩。

这里隐含的意思是：不要想着去改变学校的教学方法、管理风格。每一所成功的学校都是把自己的风格发挥到极致，绝不会因为某些学生的不适应而改变。有一利必有一弊，别抱怨，没用。去适应，去弥补学校不足。

至于班主任的个性，看运气；班上有没有暴力的学生、粗俗的家长，看运气；老师是不是负责，看运气。

同一所学校，班主任课堂上收了手机，有默默地装到兜里请家长去领的，也有当场砸在地上再踩两脚的。

同一所学校，有的班级像饭馆里的菜，老吵着；有的班级似大家庭，互相帮助。

同一所学校，有的老师呕心沥血，盯住学生一个个过关；有的老师只保证教学内容，余下一律不理。

看运气。

无论进哪个校，进入初中后要面对的都是比小学多得多的学习任务，大得多的竞争压力。在前列的，没有一人轻松。

初一二三，高一二三，一山比一山险，一夜比一夜黑。

好在孩子并不会去想这些。每天大都还乐呵呵的哪，一日一日，也就过了。

至于家长：作为成年人，不替孩子遮风挡雨，要你何用？

第五章

CHAPTER 5

小学·说说我们
昨晚聊了啥

说说我们昨晚聊了啥之一：那就随便聊聊吧

2013.7.18

儿子要求，讲完书，关了灯，咱们躺床上再聊会儿。聊会儿就聊会儿吧。

昨天聊的第一个话题是：教育为什么要收费？

他说："教育不应该收费，因为是教人学本领，人学会了本领，就可以创造出更多的好东西，这是对全体有利的。"

我同他讲："你说得很对，现在施行的，正是九年制义务教育。上小学和初中是不收费的，这保证了每个人受到基础的教育。但是，如果你想在这之外学习更多，就要付费给老师。为什么呢？因为知识是有价值的。"

他又问我："为什么课外学得好的同学，在课内的成绩却不一定好呢？"

我答："这可能有很多原因，最可能的原因是楼盖得高，未必基础打得牢。"（这么看起来，他还是蛮在乎某些同学在××杯上的高分的……）

然后话题转向两个细胞如何制造出人体的。

我说："你晓得DNA吧？你还记得你在lego机器人中，编一组程序让机器人做你想让他做的事吧？DNA就像那组程序，只不过是很复杂很复杂的程序。按照这个程序，细胞两个变四个，四个变八个……然后一点点地制造出人体。"

而后话题又转向"人为什么会害怕"。

我说："害怕是种本能，这是人体的保护机制。例如，站在高高的悬崖边，你会感到害怕，会往后躲，然后，你就安全了。如果不知道害怕，一不小心掉下去，就摔死了。有的人管害怕的那块脑子出了问题了，就不知道害怕，那就很容易受伤。懂得害怕，有所畏惧，才是聪明人啊！"

他说："对啊，有人就会说，你敢不敢干什么什么？我就反问他：你敢吗？你敢你干一个给我看看？"

哈哈。

说说我们昨晚聊了啥之二：冲动

2013.9.29

关了灯，说晚安之后，他问："妈妈，为什么我有那么多冲动呢？"

我站在门口答："因为你有很多想法啊。"

窗帘拉得很严实，房间里黑漆漆的。他舒舒服服地缩在被窝里，我能模糊地看见他的脸和枕头右边那个柔软的橙色的萝卜抱枕。

他接着问："那这些冲动是好还是不好呢？"

"冲动本身没好坏，要看内容是什么。不过，重要的是，你要控制冲动，而不是让冲动控制你。就是说，有了冲动，在行动之前要有判断。"

"我能控制七成的冲动，剩下三成控制不了啊。"

"这是个过程，慢慢地你会越来越能控制自己的。"

"为什么？"

"因为你的大脑里负责理智的那部分，嗯，叫前额叶，正在发育。"

"等它长好了，所有的冲动都会消失吗？"

"当然不会啦，如果没有冲动，人就是机器人啦！"

他大概是想起了以前看书时讲到人和机器人的区别：人不会完全理智地去做事，所以总是有人会抽烟；而如果给两块一模一样的糖果让机器人选择，机器人就宕机了……叨叨了句"robot！"然后嘎嘎嘎地笑了起来。

然后他问："那人和动物的区别是什么？"

"人和动物的区别是人会制造工具。"我提醒他，"在国博听讲解的时候那个老爷爷说过的。"

"我是问，"他解释，"动物也有冲动吗？"

我沉吟："我觉得动物应该叫本能，它们没有思想，也就没有冲动。"

"动物没有思想吗？"

"没有。动物生存的目的就是为了繁衍后代，人和它们不一样。"我说，"你活着不是为了生小孩吧？"

"当然不是啦！"他又问，"大人们也有控制不了的冲动吗？"

"有啊。"我说，"每个人程度不同。控制冲动也是要学习和训练的，有的大人，一辈子都没有成熟，一辈子被冲动控制呢。"

"真的吗？"

"是啊，他们就会有一个横冲直撞、七荤八素、焦头烂额的人生。"我斩钉截铁地挥手。

"好可怕。"

"所以呢，你要用心试着去控制自己的冲动，把主动权掌握在自己的手上。对自己负责。"

"对自己负责。"他重复。

"是啊，你现在学习管理自己的事情，就是在开始对自己负责。你小时候呢，爸爸妈妈完全对你负责，随着你长大，就会把责任慢慢交到你自己的手上，这样等你成年了，就能够自己对自己负责了。"

"喔。"他缩在被子里。

我说："睡觉吧。"

他在我的身后唱歌："我是一颗大萝卜，好大好大的大萝卜……"

在每个黑夜里集聚力量长大吧，我亲爱的萝卜。

说说我们昨晚聊了啥之三：记忆与集中精力

2013.10.14

"人的记忆是怎么产生的？"他问，"大脑是怎么工作的呢？"

我说："大脑里面有无数的神经元，嗯，树突，生物电传导……这么说吧，大脑像一块地，你走到哪里，哪里就有了路，走得多了，路就宽了，走得少，路就窄，老不走的地方，路就又被植物长实了。这些路，就是你的记忆。"

"这么说，学习就像开荒？"他觉得这个比喻很有趣，"我在这块地上种上了萝卜，那块地还没有萝卜。"

"对，为什么妈妈鼓励你去尝试各种新的东西呢，就是要去开拓大脑新的地方。这在小的时候特别容易，孩子的大脑，像松软的泥土，而成年人的大脑呢，泥土就比较坚硬，要学点东西呢，就得用斧子砍了！"

"用斧子耕地，哈哈哈——"他大笑。

我做出无奈的表情："是啊，就是这么辛苦，少壮不努力，老大徒伤悲。"

"总不走的路，就被堵上了，这是指忘记了对吗？"

"是的，就像你背过的诗，过一段时间会忘掉，就是那条路被堵上了。所以要复习，就是让路保持畅通。"

"对了，妈妈，你总跟我讲要集中精力，可是我觉得很困难，"他皱着脸，"在做有意思的事情时我就很容易集中精力，其他的时候就很困难。"

"集中精力就是提高效率，相当于速度快了，同样的路程用的时间就少。"我说。

他说："这我知道，可是我做不到。"

"慢慢就能做到了。"我解释，"集中精力，这是一种需要锻炼的能力。小孩子多半是精力分散的，海绵似的吸收，要长到八九岁的时候，才开始能够有意识地集中精力去做一件事。你刚才说在做有意思的事情时能够集中精力，这种是无意识的，不是你自己控制的。现在你需要试着去做的，是自己有意识地控制，就像控制冲动一样，这是你取得身体控制权的一步，这是一场战役！"

"好吧，我试试。"

"时常做做舒尔特表，那个能帮助你。"我指点他。

"好的，妈妈。"他接着问，"人为什么会怕黑？"

"这个我解释过很多遍了。"我耐着性子又解释一遍，"因为原始人生活在丛林里，黑暗总是代表着危险，有野兽啊什么的。虽然现在我们不用担心野兽了，可是这种害怕这种让人保持警惕的本能已经写在我们的基因里了。"

"虽然没有野兽，可没准有魔鬼！"

"你要见到魔鬼就捉住他好了，这玩意还没人见过活的呢。"我跟着他胡扯。

"不，魔鬼会把我吃掉的！"他立刻drama king起来。

我告诉他："魔鬼才看不上你呢！魔鬼要吃也吃白白胖胖的小孩，你没二两肉净是骨头，魔鬼吃你都嫌塞牙。赶快睡觉！"

说说我们昨晚聊了啥之四：自信与比较

2013.10.15

"今天我好开心，体育课我赢了ABC。"

"是吗？真棒。"

"ABC太骄傲了，他总是说他什么什么比我强。"

嗯，那个孩子我记得。在《有质量的陪伴之谈谈交往》中我记录过这么一段。

"去年的某一天，儿子和同学玩，一个同学说：你没有我跑得快！儿子一直以自己跑得快自豪，就答：我们比一比！比赛的结果是儿子快，然而那个同学不承认，还是坚持说：你没有我跑得快！他一直在儿子的耳边笑着说：你没有我跑得快！

后来，儿子就崩溃了，哭了。

扑到我怀里，我同他讲：是的，我看到了。儿子哭着说：可是，他不承认！我说：对，他不承认。他掩耳盗铃。

儿子伤伤心心地哭了一场。他从未经历过这样的事。转机在第二天出现，班级体育课200米测验，儿子跑了第三名，那个孩子在二十名开外。

事实就是事实，再否认，总有一天会水落石出。

一个人在一生中，总会被人有意无意地误解，不同的问题有不同的解决办法，不变的应是坦然的态度。任何的评价都不会改变事情的本质，评价只会通过自己对评价的反应来影响到自己的情绪，这完全是自己可以控制和改变的。

儿子很幸运，转天就有个机会证明自己，这也是为什么我把这个作为例子的原因。之后他也遇到过不能证明的情况，大多一笑了之了，因为第一次的记忆非常深刻。即使是在第二天比赛结束后，那个小孩也没承认儿子比他跑得快，只是不再说他比儿子跑得快。儿子也不需要他的承认了。"

没想到几年过去了，螺旋式上升又转到这一侧。

"我觉得ABC爱说这种话，并不算骄傲，"我说，"相反倒是没有自信的表现呢。"

"为什么？我觉得就是骄傲，他觉得自己比别人都好。"儿子的表情很复杂。

"如果需要贬低别人才能够肯定自己的话，那就说明他并不真正地认可自己啊。"我解释，"骄傲是由内向外的，是发自内心地觉得自己天下无敌。嗯，当然，这也很傻。"

"我还是觉得他骄傲。"儿子坚持。

"好吧，我们对这件事的看法不同。"我说，"不过，你对他这么做的感觉如何呢？"

"很讨厌。"儿子撇着嘴巴，"所以我想打败他，哈哈，我确实打败了他。"

"你还记不记得，幼儿园的时候老师常说的一句话：生命的高贵在于每个生命都是不一样的。"我问。

"不记得了。"

"这句话的意思是，每个人都有自己的长处，不需要和别人比较。别人比自己好的地方，欣赏他；自己比别人好的地方，体会就好，不用骄傲。没有人能在各方面都强。"

"可是，总存在着比较啊。"他说，"考试也有排名。"

"有些比较是没有意义的，"我说，"但有些比较是因为资源有限，二十个包子两百个人想吃，当然就要用成绩来筛选。"

"嗯，这个我能理解。"

"和别人比较也有好处，"我说，"可以学别人的长处，也可以学别人的短处。"

"学别人的短处？"

"是啊，看别人犯了什么错误，自己就尽量想法子避免。"我微笑，"这叫别人跌跤我绕着走一点儿不疼。"

"哈哈哈——"他大笑，"真划算。"

他转换话题："今天还有件事，DEF和GHI评上大队委员了。DEF我们都服气，可是GHI没什么好，他就是因为是老师的孩子。"

"你们班还有其他老师的孩子吧？"我说。

"有的。"他答。

"她没有评上大队委吧？"我故意问。

"没有。我们班就评上两个。"

"这就说明GHI评上大队委并不仅仅因为他是老师的孩子。"我说，"也许你觉得他没什么特别之处，但是他能得到选票，说明其他人认可他。"

"但是，老师们都喜欢他，不就是因为他是老师的孩子吗？"

"这么说吧，老师的孩子的确是他的优势，这就像一个人长得好看，谁不喜欢长得好看的人呢，第一印象一定好。"我说，"但是，长期交往下来，还是品质更重要，对不对？"

"对。"他点头。

说说我们昨晚聊了啥之五：直觉

2013.11.19

"妈妈，如果有两个选择，但我不知道应该选哪个，怎么办？"

"那就等等看，再找找理由。"

"立刻要选呢?"

"那就凭直觉选。"

"什么叫直觉?"

"直觉就是，你不知道它为什么会这样，但你觉得应该是这样。"

"我怕选错。"他缩在被子里。

"选错又怎样?"我说，帮他把掉在地上的书捡起来，每个小男孩的房间都像被飓风扫过……

"怕老师批评啊。"

"老师批评那是多大点事啊!"我说，"老师批评得对，你就认真听着自己错哪了，下次改正。"

"老师批评得不对呢?"他看着我。

"老师批评得不对呢，你就假装听着。"我不慌不忙地说。

"假! 装! 听! 着!"他拖长音，"我为什么不能告诉老师他错了呢?"

"为什么要假装听着呢，第一你不能确认老师说得到底对不对，有时候你觉得你对，但其实老师说得也有道理，就像瞎子摸象，你摸的是个尾巴，老师摸的是个耳朵!"

"那我们俩都错了。"

"这不是重点。"我挥挥手，"重点是你要去思考到底什么是对的，如果不能确认的话，就找你信任的人去讨论。"

"那如果我能确认他错了呢?"他问，"比如遇到指鹿为马的赵高?"

"如果你生在那样的时候，你有三种选择:第一，叫着那就是鹿那就是鹿，你这个佞臣然后被咔嚓了;第二，附和那就是马真是匹好马啊，跟他同流合污……"

"这两种我都不想选。"

"第三种就是退出朝廷，默默地积蓄力量，等有能力的时候，再打回来。"我想了想决定用几个成语，"这叫审时度势、明哲保身、韬光养晦、东山再起。"

"什么？"很显然这几个成语他都不熟。

"嗯，以后再和你解释。"

"我选第三种。"他想了想表示态度。

前半部分看来是听懂了。

"我不能说老师错了吗？"他又问。

"那得分人。"我说，"不是所有的人都能接受一个小孩的指责。"

"可对的就是对的，错的就是错的。"他说。

"这不仅仅是对错的问题。"我说，"人不是机器，人的感觉很复杂。"

"比如说，恼羞成怒？"

"有可能。"我说，"所以不是所有的事都要分个青红皂白，即使要说，也要看看怎么说合适。"

"太复杂了。"他叹口气。

"靠直觉。"我说，"慢慢体会吧，你的直觉会告诉你怎么做。"

关了灯，我退出他的房间，留他一个人在黑夜里琢磨。慢慢长大。

说说我们昨晚聊了啥之六：脏话

2014.2.19

写着写着作业，他问我："海滩是念 beach 吧？"

"是啊。"我点头。

"那么，不发长音，发短音是什么词呢？"

雷达嘀嘀嘀地叫起来，喔，这一天终于来了。

我不动声色地回答："那是个骂人的词，拼写是 b-i-t-c-h，母狗。"又假装好奇地问，"是同学说的吗？"

"不是。"他解释，"刚才听网课的时候，老师讲到 beach，说一定要发长音，千万不能发短音，要么就变成另一个词了。"

我能想象某老师带点猥琐的故弄玄虚的表情。

"咳，这就是英文里常见的脏词，就像你们同学有时候说的那句京骂，"我顿了顿，想等他接下去，但是他一脸无辜地看着我，我只好撕去淑女的伪装，生涩地说，"就是傻×，程度差不多。"

"一二年级他们常说，现在不了。"

"呃，那他们现在说什么？"

"我不想说，"儿子一本正经，"我都听不懂！"

"听不懂可以回来问我啊！问爸爸也行！"（喂，一个当妈妈的这样说真的好吗？）我说，"脏话这个东西，是比较粗俗，但对于男孩子来说，是不可避免要面对的。"

"嗯?"他看着我。

我接着表明态度:"一个绅士是不会在公开场合说脏话,也不会在长辈、女人和孩子面前说脏话的。但是,可能单纯男人的聚会,也会讲的。"我又补充,"脏话,就跟前两天咱们讲的客套话、恭维话一样,也是语言的一部分。"

"我不想讲,"他说,"也不想听懂,就像维阿说的那句话,'没用,不做'。我听不懂,就不会为这个生气。"

"好吧。"我腹诽(维阿虽然是个高手,但他是个变态啊,你要不要跟他学?),"那注意,不要在别人说脏话的时候大惊小怪。"

"好的。"

说说我们昨晚聊了啥之七:智慧与勾股定理

2014.2.22

"什么叫智慧?"他问我。

"智慧就是你遇到一个以前你没遇到过的问题,也没人告诉你该怎么办,你自己想出办法所需要用到的东西。"我说。

"What?"他惊讶,"那我学习的是什么?"

"那叫作知识。"我拿过一张纸开始画图。先画了一个大圆圈,"这代表世界上所有的知识"。又在大圈的中心画了个很小的圈,"这是你在小学学的知识，"再在小圈外画个大一点的，"中学学的"，画个再大一点的，"大学学的"。

然后，我说："你念研究生，或者工作，就会专攻某个领域。"我画了个窄窄的尖刺，"当这个尖刺破了大圆圈，就表示你突破了已知，这是你智慧的结晶，也是人类的进步。"

（注：这幅图是在网络上学到的，刚好适用。）

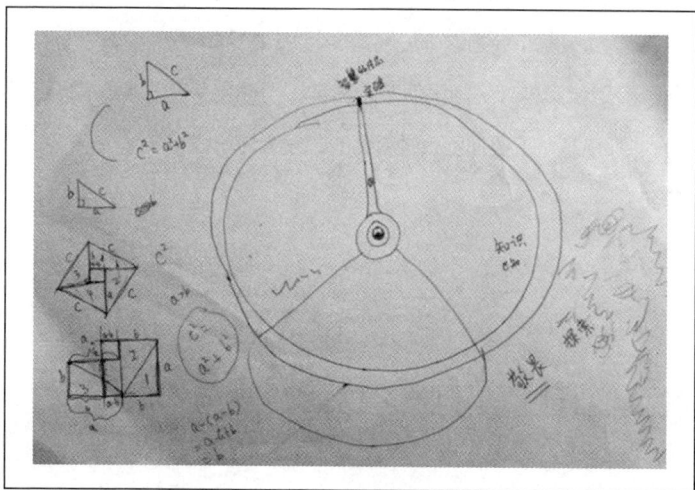

"那那些空白呢？"他问。

"那些是你不知道的东西。那些领域有另一些人在努力。努力的结果呢，"我在大圈外面又画了圈，"就是把整个人类的已知给扩大了。对这一片空白，要怀着敬畏的心理。"我在纸上写下"敬畏"两个字，"不能因为自己懂了一些，就觉得什么都懂了。知道自己不知道，这很重要。"

"那么"，他拿过笔，画了个大扇形，"有人知道这么多吗？"

"没有。"我斩钉截铁地说，"现在的知识太多，没有人能达到这个比例。"

"但是在以前，人类总知识还少的时候是有通才的。"我在最小的圈里，画了个扇形，"但是你看，他所知的还不如现在的小学生。"

"What?"他再次表示惊讶。

"比如说勾股定理，"我说，"在很久很久以前，那就是个了不起的发现，现在小学生也都要学了。"

"你说的是毕达哥拉斯定理吗？"他问。

"是的。"我说，"在中国叫作勾股定理。"

"雷老师上课的时候曾经提过。"

"有一种不用语言的证明，"我在纸上画，"四个同样的直角三角形可以围成一个以斜边为边长的正方形。"

"面积是c的平方。"

"对。现在我们把其中的两个挪一下，再做一条辅助线，你发现了什么？"

"是两个小正方形！"他惊喜地，"面积是a的平方和b的平方！"

"两个图形面积相等。"我说。

"然后就得到了毕达哥拉斯定理。"他说，"毕达哥拉斯当初就是这么证明的吗？"

"我不知道。"我说，"这个，有好几百种证明方法呢。"

"你去网上查查嘛！"

"好吧。"我说。

说说我们昨晚聊了啥之八：几个高大上的词

2014.2.24

检查儿子语文小卷的时候，我发现了一个错误。

原题是这样的："我国坚持改革开放。我国富强、民主、文明。"这两句话用关联词合并成一句话。

儿子的答案是："我国不但要坚持改革开放，也要富强、民主、文明。"

"这两者是因果关系啊！"我同他讲。

他说："改革开放是什么意思？"

我这才意识到这个词对一个还不到十岁的小孩来说，超出了他的知识范围。

"改革开放是一项政策。"我说，"要了解改革开放，先要了解改革开放以前我们国家的状态。"

我拿过一张纸来画图，画了一个圈，先在里面画上许多禁止标志，开始解释："在改革开放以前，我们国家是相对封闭的，外面的人不怎么进来，里面的人不怎么出去。"我画上向外和向里的两个箭头，中间打上大叉子。

"闭关锁国！"他说，"就像日本的幕府时代。"

假期我们去了日本，他了解了一些日本的历史。

"有点像，"我说，"但我们内部还禁止很多东西，比如说，商品不许自由买卖，你自己家的鸡下了蛋拿出去卖，会被抓起来。工作是分配你干什么就干什么，自己不能选，房屋也不能自由买卖，要按级别分配。"

"什么？"他完全不能想象。

"嗯。以前妈妈像你这么大的时候，家里住的房子大概只有现在咱们家的客厅这么大。"

"会很挤吧？"

"还好。"我说，"有的人家，三代人住在像咱家厨房那么大的地方呢。"

"那怎么住？"

我决定不再和他讨论房子的问题，接着告诉他："那时候，买粮食要粮票，买布要布票，什么都缺，什么都不能想买就买，当然，也买不起。"

他瞪大眼睛。

"还有，"我说，"你不能太随意发表自己的想法，你必须和所有人保持一致。大家都在哭的时候，你有天大的好事，也不能笑。"

他忐忑地问："文化大革命？"

我乐了，不知道他是怎么有这个概念的。

"太可怕了。"他表情严肃。

"嗯，然后就要说到改革开放了。"我又画了个圈，圈里面打了很多对钩，"以前不可以的事情，逐渐都可以了，这叫对内改革。"又画很多对内对外的箭头，"里面的人可以出去，外面的人可以进来。"在旁边写了两个词，"商品买卖，文化交流。"我说，"这叫对外开放。"

"这就是为什么坚持改革开放，我们国家才可能富强、民主、文明。"

"富强和文明我知道，什么叫民主？"

"民主是和专制相对应的。"我解释，"专制呢，就是让你干什么，你就得干什么，君要臣死，臣不得不死。民主呢，就是你可以表达你的意见，我可以表达我的意见，然后通过大家都认可的程序，形成大家都需要遵守的规则。"

"明白了。"他说，"这还有一题，我也不理解。"

这个填空题是关于"秉笔直书"这个故事的，题目是："秉笔直书"不仅是太史们的（　　）所在，也是他们（　　）的体现。答案是"职责所在""伟大人格的体现"。

"什么叫人格？"他问。

"人格就是人所有精神元素的总和。"我在纸上写下如下的词：理想、抱负、信念、坚持……"为什么说不仅是他们的职责所在，还是他们伟大人格的体现呢？因为没有任何一种职责要求他们献出生命。"

"要是我就不肯。"他说，"留得青山在，不怕没柴烧。"

"你这样想是对的。"我说，"现在我们认为生命是最宝贵的。"

"但在那个时代，文人以直谏为美德，认为为了坚持真理而死，死得其所。这种事情其实违背人求生的动物本能，不是人人都做得到。"我说，"大家敬重佩服能这么做的人，说这种做法是他们伟大人格的体现。"

"嗯。"他说，"我知道了。但我不会那么做。"

"这又回到我们刚才说的专制和民主。"我说，"封建社会是专制社会，他没有别的选择，但在民主社会，不需要用生命为代价去坚持真理。"

"民主真好。"

"是的。"我说。

说说我们昨晚聊了啥之九：什么是抢不走的

2014.4.22

《写给孩子的哲学启蒙书》之后，我们开始读《论语》。

昨天读到"不患人之不己知，患不知人也"。

我同他讲："总是烦恼别人不了解自己，实际上是没有自信的表现。如果有实力，别人总会看得到。可如果你不了解别人，便会自以为是。那就是很大的问题了。"接着又讲到快乐，"烦恼别人不了解自己的人，往往是把快乐建立在别人的认可上。"

"就像ABC。"他说。

ABC是他们奥数班上的同学。前几日考试前在教室里踱步，一边大声宣布：这次我要考到×××。往日里也有异常表现，爱同别人说自己的各种成绩，没有人肯听，便自言自语。

我叹口气："是，他是魔怔了。"

"魔怔是什么意思？"

"魔怔的意思是过于执着在某一方面，他的生活太单薄。"我说，"你看，只把快乐建立在考试成绩上，希望得到别人的夸奖、羡慕。这样不行。"

"为什么？"他问。

"你总有考得不好的时候啊！"

"是啊。"

"考得好当然让人高兴，但你得知道，你学习的目的不是为了考试。"我说，"这个我们说过很多次了。"

"嗯，考试的目的是为了检验学习的成果。"

"对。"我说，"把快乐建立在考试成绩上就像把楼建在沙子上一样。快乐应该建立在对理想的追求上。"

"什么意思？"

"你心里有想做的事，然后你为了完成这件事去努力。"我说，"这会带给你快乐。"

"就像做出了一道难题。"

"是的。"我说，"这种快乐是来自内心的。你想想如果快乐建立在别人的反应上，别人要是没反应呢？"

"哈哈，"他笑，"那就傻死了。"

"建立在外在东西上的快乐总是脆弱的。"我说，"万一——无所有了呢？就崩溃了吗？"

"我是不会一无所有的。"他坚定地说。

"我是说万一，遇到特殊的情况，"我说，"比如说战争。"

他斩钉截铁地说："我有知识，这谁也抢不走。我永远可以用知识去换取我需要的！"顿了顿接着说，"如果来了战争，我就把钱都换成金屁股。"

"金屁股？"我顿时感到一阵头昏。

"金锭！"他说，"腚不就是屁股！妈妈你知道为什么战争来了就不能留着钱要换金屁股吗？因为谁也不知道以后会怎么样，万一发行钱的国家没有了呢啾啾啾啾金屁股啾啾啾啾金屁股……"

"你说得对。今天就读到这里吧。"我落荒而逃。

其实我挺爱金子的，金饰金条金块金锭都爱，然而……从此无法直视！

说说我们昨晚聊了啥之十：成绩和能力

2014.10.22

"小Z被点了。"他说。

"恭喜他。"我说，"多年的努力得到结果。"

"我比他差很多吗？"他问。

"成绩上确实差一点儿，但也没有很多。"我说，"你想，他挺聪明的，而且从幼儿园就开始学，光奥数就同时上着好几个班，成绩如果不比你好，那也不科学啊。"

"你为什么不给我多报些班呢？"

"舍不得啊——"我拖着长声，"你要长得像Oscar那样，我就给你报八个奥数班。"

Oscar是他英语班的同学，大他几个月，比他高二十厘米、重二十公斤。

"是。"他笑着说，"我觉得Oscar能同时上十个。"

"事实上，"我解释，"妈妈并不希望，你回忆童年的时候，就只有课外班而已。"

"可是，我的成绩确实比不上这次被点上的同学。"

"成绩是别人用来评价你的，你的眼里不能只有成绩。"我说，"而且，成绩和能力并不能画等号。"

"什么意思?"

"比如英语，你现在做的英语卷子，让妈妈来做，我能做到九十五分以上，比你高不少对不对? 但是，你现在听的英文听力，看的英文小说，对我来说就很难了。根本听不懂看不下去。这就是能力和成绩的区别。"要承认自己不行，还真是挺不容易的事啊，但长江后浪推前浪，我以后会越来越多地面对这类情况了。"不过，从长远来看，它们会逐渐一致。你现在多做题，找到自己的窟窿把它补上，就是要拉平这个差距。要不然，多亏啊。"

"嗯，我感觉自己已经有进步了。"

"是的。奥数也是一样，不是要上多少个班，而是你在听课的时候，要注意，老师讲的你听明白了没有? 那些题，你真正会做了没有? 不是只得到一个答案，而是能理解其中的原理，这样才能举一反三。"

"我明白。"

"其实你真的很厉害，以你付出的时间和精力，能得到现在的成绩，效率已经是很高的了!"

"真的吗?"

"真的!"我拍胸脯保证。

"我还是应该多花点时间在奥数上的。"

"现在已经很多了。而且你的成绩，也在提高不是吗?"

"如果从一年级就这样……"

"你想想之前做的那些事，我们去过的那么多地方，你看过的那么多书，参加过的那么多活动，那些时间，你觉得花得不值得吗? 没有收获吗?"

"当然有啦。"

"你要知道，你的目标不只是小升初的考试而已。妈妈希望你的人生是丰富多彩的，不要只追求成绩。再说一遍，成绩是别人衡量你的标准，你不能只用成绩来衡量你自己。"

"我知道了。"

"你没体现在现在成绩上的能力，会体现在之后的成绩上呢。"

"会吗?"

"会的。"我说，"因为每个阶段考查的东西不一样。妈妈是过来人，知道什么东西重要。"

"嗯。"

我又讲得更远一点儿:"等你长大之后，你会发现别人经常会用赚了多少钱来衡量你，这和现在用成绩来衡量学生是一样的，可是，如果只把赚钱作为人生目标的话，那你的人生就会很单薄。"

"单薄?"

"人生的长度是差不多的，要努力活得宽一点儿，才划得来啊。"

"是啊是啊，我呢，现在是个矮胖子，我将来要变成个高胖子。"

"对的。"这个比喻，还真是生动形象啊。

"总结一下，"我说，"你每天要问自己的是:我努力了吗? 我有收获吗? 如果一直在努力，得到好的成绩是顺理成章的事情。"

"我会努力的。妈妈。"

"我们一起努力!"我说。

说说我们昨晚聊了啥之十一：做事的目的

2015.3.25

事有前因。

网络上流传的那个大连话英语老师报分数的视频我们一起看了，看到最后"平方""立方"的时候他笑得前仰后合。

我开玩笑地说："要不下次咱们也这么干，你背单词错了就平方！错几个就写几个平方。"

他哈哈哈哈哈。

我也哈哈哈哈哈。

昨天上英语课，接他的时候他突然说："妈妈，今天听写单词，我错了七个，每个写了四十九遍。"

"什么？"我说，"你又逗我。"

"你不相信？"

"当然。"我说，"一个是我不相信你会干这么蠢的事，一个是你也没这个时间，没纸。"

"我下课的时候写的。写得很快的！"

"那你写哪了？"

"写卷子后面。"

"我不相信。"

"那咱们打赌。赌什么?"

在那个时候我确实是觉得他是开玩笑的,所以豪爽地说:"给你账本上加四十九块钱!"

他坏坏地笑了。问我:"你为什么说这是件蠢事呢?"

我说:"你想想你写单词的目的是什么?"

"为了记住啊。"

"那你需要写四十九遍才能记住吗?"

"可是你让我这么做啊。"

"那我让你去吃翔你去吗?"

"哎哟,那我可不去。"他笑。

"对的,谁让你干啥,你都得想想这事你该不该干。"我说,"值得干、需要干的事情那么多,不要把精力花在没意义的事情上。"

"那我还练字了呢。"他说,"而且他们下课都在玩手机,写单词总比玩游戏好吧。"

我逐渐觉得这事像真的了,问他:"你不是真写了那么多吧?"

"你回家看看就知道了。四十九块钱喔?"

是真的。

卷子后面蚂蚁大小的单词密密麻麻。

我一边在他记账的小本子上填上"+49",一边叨叨:"这真不是我儿子能干出来的事啊!随你爹,一定是随你爹!"

"为什么啊?妈妈,我们老师特别鼓励这样的事,多写作业,多改错,都会得到表扬的!"

我深吸了一口气:"明白了,这就是跟着XX学会XX。"在他拿出家规之前,我自动道歉,"对不起,我没有use kind words。"

"但这种事情是没有意义的。"我说，"你要明白你做事为了什么，你写单词是为了记住它，写到能记住为止，而不是写够什么数。你要对自己负责，对学习效果负责，而不是完成任务，或者为了得到表扬。"

"你小时候不会做这种事吗？"

"不会为了得到表扬做，但如果不做就挨训挨揍，会做的。"我回忆起全文抄五遍的日子，"不过那是人在屋檐下，不得不低头啊。"

"明白了。"

"我给你'+49'仅仅是因为打赌输了，绝不是鼓励这种行为。"我强调。

"嗯。"

说说我们昨晚聊了啥之十二：关于爱情

2015.5.14

最近他在听 *Diary of a Wimpy Kid*。似乎是某个配角恋爱了，惹起纠纷。他问我："为什么有了女朋友就不能和别人一起？"

"因为那是真正的恋爱。"我说，"真正的爱情是唯一的、排他的。"

我知道他一直有关系很好的"女朋友"，S，从一年级开始。那个女孩我也很喜欢。虽然对于我的八卦问题，他曾经的答案是："妈妈，你不觉得我们谈这些太早了吗？"

我问："S和其他的男孩一起玩，你会不高兴吗？"

"当然不会。"他答,"而且我们都是很多人一起玩。男孩女孩都有。"

"那么你们班有一对一的那种吗?"

他想了想说:"有,H和M,他们俩一有时间就凑在一起嘀嘀咕咕,说不完的话。"

"那他们还和别人玩吗?"

"基本没有时间啦。"

"等你到了青春期以后,也会喜欢某个女孩,只想和她在一起。"

"可是,那样多单调?"

我乐了:"是啊,所以有人这么形容,为了一棵树,放弃了整片森林。不过,这是荷尔蒙决定的。当你选择了一个女朋友的时候,就不能和其他的女孩有亲密的关系了。"

"哎哟,"他说,"那我可得慎重选择。"

"是的,一般来说,都先是很多人一起玩,像你们现在这样。然后有人和你情投意合,再变成一对一。"

"我要去观察一下H和M怎么相处的。"

"喂,这么做可不行,你会被打的!你观察下爸爸妈妈就好。"我问他,"到时候你喜欢别人别人不喜欢你怎么办?"

"那就算了吧。"

"嗯。没错,不要死缠烂打。那要别人喜欢你你不喜欢别人怎么办?"

"那就跟她说我不喜欢她,不想和她在一起。"

"对。千万不要因为别人对你好,你就和她在一起。爱情是两情相悦,是要你欣赏她的这个人,而不只是因为她对你好。"

"但是她要对我不好的也不行吧。"

"那当然了。爱你的人会对你好的。"

"真的吗？"

"当然，对你不好的人就是不爱你，哪怕她说爱你那也不是真爱。"

"明白了。"

隔天我们在出去玩的路上听到《少有人走的路》中派克医生阐述："爱，是一种极为复杂的行为，不仅需要用心，更需要用脑。牧师坚决避免成为父亲那样的人，这种意念以及由此导致的极端行为，使他丧失了爱的弹性。爱得过分，还莫如不爱；该拒绝时却一味给予，不是仁慈，而是伤害。越俎代庖地去照顾有能力照顾自己的人，只会使对方产生更大的依赖性，这就是对爱的滥用。牧师应该意识到，要让家人获得健康，就必须容许他们自尊自爱，学会自我照顾。还要摆正角色，不能对家人唯命是从，要适当表达愤怒、不满和期望，这对于家人的健康有好处。我说过，爱，绝不是无原则地接受，也包括必要的冲突、果断的拒绝、严厉的批评。"

他评价："说得对。"

说说我们昨晚聊了啥之十三：怎么融入新团体

2015.5.14

"妈妈有个事情想咨询你下，现在，什么样的孩子在学校、幼儿园比较受欢迎？"

"受欢迎？你为什么问这个？"

"妈妈有个朋友的孩子遇到交往的问题，他新换了个幼儿园。"

"首先他要有水平……"

"有水平?"

"你得会点什么。"

"其次呢?"

"其次你得入流。"

"入流是什么意思?"

"比方说你想加入的团体主要的共同语言是打游戏，你就得会打游戏。"

"明白了。"

"你那朋友的孩子主要有什么问题?"

"唉!"我说，"现在主要问题是打人。"

"这可不行。"他说，"刚才忘了说了，最重要的是友善，友善的人才会被接纳。"

"嗯，这应该是首要的。"

"然后当他想进入一个团体，得显得弱势一点儿。"

"对，要低调。"

"但如果在遇到团体问题的时候，就可以强势。"

"嗯，谁都喜欢能解决问题的人。"我说，"让我来理顺一下你说的这些。"

"首先要友善，友善的人才会被接纳。"

"是的，打人绝对不行。"

"其次要入流，也就是说你得选择和你志同道合的团体。"

"没错。"

"再次你要有水平，这要看团体的主题，都打游戏就得打得好点，都爱学习就得学习好点。这样你才能被认可。对吗?"

"是这样。"

"接下来是技术性的问题，开始弱势这样容易被接受，遇到问题强势，这样能确立地位。"

"总结得很好!"

"谢谢肯定。"我发愁，"不过我不觉得四岁的孩子能听懂这些。"

"什么? 才四岁吗?"

"是啊。"

"那等他六岁再告诉他。"

"可是他现在就很需要……"

"那最好还是用奖励的方法，看他喜欢什么。比如一天不打人，就可以得到一块糖。"

"你觉得奖励比惩罚好对吗?"

"那当然啦，你惩罚他，只会让他更生气，更想打人。"

"明白了。"

说说我们昨晚聊了啥之十四：再次关于爱情

2015.11.6

走在回家的路上，他同我讲："今天评选标兵的时候发生了一件事，有两个同学的名字刚好写在一起，因为传说他们俩互相喜欢，所以有人在名字上画了一颗心……"

"哎哟，那可不大好。"我说。

"大家都可欢乐啦。"他说。

"可是当事人不一定这么想。一来这件事不一定是真的，二来感情的事本来就是个人隐私，真正有品位有教养的人不在公众场合谈论这些事，不管是自己的，还是别人的。"

"老师后来批评我们了，说不许八卦。"

"老师做得对。"

"听说，还有两个男生因为喜欢一个女生打架呢。"他发散开来，"你看，就像上次听刘烨老师讲座里的步甲……"

"那种叫刘烨的甲虫?"

"刘烨是锹甲！锹甲！锹甲！"

我叹口气，转头偷偷翻了下白眼，然后转回来温柔地问："步甲怎么了?"

"几只雄性布甲为了争夺一只雌性布甲，互相打斗。"

"那是为了争夺交配权，为了把自己的基因传下去。而雌性布甲也是要选择最健壮的基因，所以要选那只胜利者。"我说，"可是人就不一样了。"

"然后一只'穿着漂亮衣服'的甲虫趁它们打着的时候把雌性布甲抱走了……"

故事为啥不按照剧本发展！

"咱们不说甲虫了，说人。"我努力把话题扳回来，"人和甲虫不一样，人寻找伴侣是要寻找能够心意相通、相互理解的灵魂伴侣，不是最强壮的，也不是最漂亮的。所以，同性打架毫无意义。"

"是挺傻的，跟甲虫一样。"

"感情是两个人的事，而且是很美好的事情，没有丑陋的感情，只有丑陋的处理方式。"

"嗯。"

"爱情和友谊一样，就是你有喜欢别人的权利，别人也可以拒绝你；同样，别人有喜欢你的权利，你也可以拒绝她。这都很正常。"

"知道啦，知道啦！"

说说我们昨晚聊了啥之十五：关于家长会的随笔

2015.11.27

开完了家长会，老师要求父母和孩子共同写一篇随笔，于是有了以下对话，文风奇怪之处，皆因小儿顽劣。

"兔子大人，咱们来讨论下家长会吧？"

"嗯，首先分两部分，一部分是同学和老师的讲话，一部分是金玉老师的讲话。"

"什么嘛，明明是五部分：暖场VCR，汇报，期中总结，游戏和感恩。"

"你说得对，我分得太粗糙。听完汇报我觉得你非常幸运，有一个能够很好引导你们的班主任，也有一批认真负责的同学。这个环节对我们家长了解你们学校生活很有帮助。"

"本卜（孩子的自称）也了解了一些平常没有注意到的事。"

"期中总结就不用说了，试卷咱们一起分析过啦。"

"接下来是游戏环节。我最喜欢这个啦。"

"那你觉得老师设计这个游戏的意义在哪里呢?"

"本卜认为老师想让我们明白定的规则要明确,比如你看光对折一次就有一大堆可能。"

"可长方形如果对角折,第二次就没法折了。"

"那就两种。3次就是8种可能,撕右上角有4种可能,转圈180度那再撕左上角,那倒是确定了,那么实际上展开的图形就有32种可能。兔子,两个人相同的可能性就只有1/1024,真的很低啊。那么家长和同学3次都相同的可能性是2的30次方分之一,太低了啊。"

"这是奇迹(家长会上确实有一对母子3次都相同)。不过重点不是这个,是之前你说的规则要明确,要规则明确需要……"

"要能看见,要能提问。总之是要沟通。"

"这个总结对。那么接下来是感恩的环节。在这个环节你把我拖上了场……"

"我做得不对吗?我很以你为骄傲。"

"谢谢。你以我为骄傲这让我很高兴。但妈妈实际上是个有点害羞的人,不大喜欢在大众面前表露自己的感情。"

"对不起兔子。"

"谢谢你理解。我还想说,其实我并不喜欢把父母和孩子的关系定位成奉献和感恩。"

"为什么?大家都是这么说的呀。"

"因为我觉得,哺乳动物抚养后代是本能。而作为智慧生物的我们,感情应该是相互欣赏才对。"

"那你欣赏我吗?"

"是的。比如，你四五岁的时候，有次咱们俩发生冲突，你一边哭着一边说：'妈妈，请你控制你的情绪，你看我都在努力控制。'那是我第一次欣赏你，这种自我控制能力好让人佩服。再比如，去年，有一次你在做一个五星题，我给你讲到第三遍的时候就有点崩溃了，觉得放弃了算了，但是你没有，特别平静地说妈妈我还是不懂你再讲一遍，我记得最后讲了六遍你才点头说懂了。这件事也让我欣赏，因为坚持是非常让人钦佩的品质。对了，你欣赏我吗？你觉得妈妈的优点是什么？"

"嗯，你也很善于坚持。"

"惭愧，妈妈在坚持上远远不如你啊，如果不是你拖着，我肯定爬不上玉龙雪山。你看，因为你，我做到了以前做不到的事。能够让彼此成长，变得更好，这才是两个人关系长久的基础啊。"

"嗯，那你觉得你最大的优点是什么？家长会上这个任务没完成呢。"

"妈妈觉得自己最大的优点是能一直保持学习的状态。你知道，有的人三十岁就死了，八十岁才埋。"

"嗯？呃，我了解了。"

"咱们把这段谈话记下来作为随笔可以吗？"

"行。"

说说我们昨晚聊了啥之十六：真实与谎言

2016.7.21

上完英语课，路上他同我讲："老师聊到一个惊天大阴谋……证据之一是美洲地图的变化……"

我叹口气说："对于一个地理永远挣扎在及格线的人来说，不要跟我提什么美洲地图的变化……"

"但那是真实的变化！"他坚持。

"细节的真实和主体的虚假可以共存。"我说，"我跟你讲讲怎么说谎吧。"

他瞅了我一眼。

我若无其事地接着说："有一本书叫《鹿鼎记》，主人公叫韦小宝，他说谎的诀窍是每一个细节都是真实的，但关键之处就乾坤大挪移。旁人容易被细节说服，然而主体是完全虚构的。"

"我知道韦小宝，他有七个老婆！"他表示，"但他好像不是好人吧。"

"嗯，他很复杂。"我说，"不过如果想做个好人，得了解坏人是怎么坏的呀，一无所知的好人，是脆弱的好人。"

"韦小宝的说谎经验非常有效。"我把话题拉回来，"你不喜欢的那篇小说，《半年》，我就是这么写的。有不熟悉的读者把那当作我的亲身经历，留言安慰呢。"

"好吧，"他说，"那你是什么意思呢？"

"我的意思是，你听到别人说的事，别纠缠于细节，想想前后的逻辑关系。"我说，"特别是什么惊天大阴谋！XX大揭秘！"

"那就是不管什么都要先怀疑了？"他问。

"也不能这么说，"我解释，"怀疑论和阴谋论都是陷阱啊。如果什么都怀疑，你将耗费大量精力……信任，是生活效率的基础之一啊。"

"但一切都可能并不是真实的！"

"朋友，你听说过《骇客帝国》和《盗梦空间》吗？"我说。

"听说过，没看过。"

"暑假有时间可以看看。"我说，"不过想象可以很远，生活还是要脚踏实地。"

他看到路边TFBOYS的广告牌，说："有人特别讨厌TFBOYS，总在网上骂他们。"

"那些人脑子坏掉了。"我说，"喜欢一个人值得为他花时间精力，因为那会让你开心。用力气去讨厌别人就是蠢了。精力花在恶心人上，不如去做对自己有价值的事。"

说说我们昨晚聊了啥之十七：孝与寡欲

2016.9.28

从暑假开始在睡前给孩子读《二十四史名句赏析》。时间太少，每次读个一两篇。最近有两句话刚好涉及儒家的核心思想，记一下。

一句是："人道之始，莫先于孝悌。"

这句话还需要跟他去解释，也侧面说明整体社会环境已经改变了。

"孝"成为儒家的基本概念，是因为儒家的社会基础在宗法伦理。孝道是血缘关系的基础，也是一个人其他社会关系的基础。又有"君子之事亲孝，故忠可移于君"。

然而现在我们的孩子所处已不是宗法社会，血缘关系在社会关系中已不占主要的地位。故再提倡"孝道"，既无根基，也无实用价值。从教育引导的角度来说，不如提倡普遍的"尊重"与"体谅之心"。

把每个人都视作有独立思想的平等个体去相处。己所不欲勿施于人，己所欲勿强加于人。

父母与孩子的关系，也并没有什么特殊。孩子小时候需要父母的照顾与引导，但绝大多数哺乳动物都抚育幼崽，不必将其意义过于提升。随着孩子长大，紧密的关系势必慢慢松散，如不能接受这一客观规律，试图以"孝道"来束缚孩子，只会造成双方的痛苦。

另一句是："崇德莫大乎安身，安身莫尚乎存正，存正莫重乎无私，无私莫深乎寡欲。"

"修身"也是儒家的基本观点。而儒家修身最重要的途径就是"寡欲"。孔子有"克己复礼为仁"，孟子有"养心莫善于寡欲"。

孩子对于"寡欲"有异议。

之前我们曾经有过这样的对话：

我对儿子说："你这也想要，那也想要，人生会过得很辛苦啊。"

他平静地答："所以，我在努力啊，霍霍使人进步！"

适应现在的社会，不若把"寡欲"变为"欲望管理"，和"自由"这个概念一起去讨论欲望的边界在哪里。

"不伤害自己，不伤害别人，不破坏环境"，仍然是我能找到的最好的原则。

关于国学，我个人认为需要了解，但无须贯彻。

学习中国历史与古代文学，必须了解儒、释、道的基本思想，以理解其事件或行文的内在逻辑。

而现今的中国社会，毕竟也沿袭了相当多的历史观念，可以说它们是古早的，腐朽的，但孩子总归会有接触。有基本概念，了解来龙去脉，就不会大惊小怪。

把儒家思想作为哲学的一个分支来讲。它只是对世界的一种解释，或者说生活方式之一。

过去的毕竟已经过去了，处事还是实事求是为好。

说说我们昨晚聊了啥之十八：性别刻板印象和担当

2016.11.9

"'娘炮'是什么意思？"放学路上，孩子在出租车上问我。

"是句脏话，说男人像女人。"我回答，"这中间包含着两种歧视，一种是对男人的，觉得男人就应该粗鲁；一种是对女人的，用像女人来侮辱男人。"

"XX说我娘炮。"他说，"说我说话声音像女孩。"

"那你生气了吗?"我问。

"没有,我声音本来就像女生,我也没觉得这有什么不好。"他说,"后来他做微信上的性别测试题,做出100%女生,倒是气死了。"

我"哈哈"一笑,说:"他用'娘炮'这种词羞辱你,和为了性别测试题生气,只能说知识和文明程度都不够。"

"为什么你这么说?"孩子有点迷惑。

"因为你还没有进入青春期,在青春期之前,男生和女生本来就没有太大差别,特别是在声音上。"我耐心地解释,"第二性征要在青春期开始后才出现,这是常识。"

"而性格测试题,它的基础是大多数人是怎么样的,其实是比较刻板的性别印象,比如说男生认路强,女生喜欢音乐,等等,只是套路。"

"妈妈你是不是每次做都是男生?"他笑嘻嘻地看着我。

"是的啊,我们大学心理课做过测试,我比班上大多数男生都男,而我们班一个胡子拉碴,长得跟李逵一样的男生比大多数女生都女。"我回忆起当时的情形,还真好笑。

孩子也笑了起来。

"你看咱们家,按照这个标准,爸爸偏女,因为他在音乐上有很高的天分,做事细致,还不认路……"我陈述事实。

"是的,我发现了!"他说。

"但我觉得爸爸特别有男子气概。"我说,"你看,在遇到难题的时候,他总是说:我来想办法;家里要做什么有危险或者特别辛苦的事情,他总是说:让我来,交给我。"

"关键时刻顶得上去,这就是担当。"我说,"当然这不是男生所独有的。不管男女,有没有担当才是衡量一个人的唯一标准。又高又壮,浑身散发着荷尔蒙，平时横着走，遇事跟耗子似的缩洞里，只会被人鄙视。"

"我明白了。"他点头。

"遇事扛事，其他时候，做自己就好。"我耸耸肩，"我从不介意别人说我像个男的，跟这种境界的人我没什么可说的。"

"妈你是在说我吗……"

秋色连波2010
10-21 来自微博：weibo.com

　　"妈我觉得你像个男生。""有我这么漂亮的男生吗？""有，我。"（他说得好有道理我竟无言以对）（有什么不开心的说出来让大家开心一下）（教导主任长得像我，没抱错）

秋色连波2010
5-24 来自微博：weibo.com

　　娃学校今天进行了青春期教育，回来说：妈妈，青春期男生的行为特点，七条中你中了六条！（有什么不开心的，说出来让大家开心一下）

呵呵……

说说我们昨晚聊了啥之十九：严肃话题

2016.12.14

"妈妈，希拉里和特朗普你选谁？"吃饭的时候他问。

我谨慎地回答："这事以我现在的知识储备和获得的信息，没办法做出理智的判断。"又补充，"我也没什么立场，我又不是美国人。"

"为什么特朗普会赢？"他换了个问题，"我们政治课上讨论美国大选，看了特朗普和希拉里的辩论，他不停地打断希拉里，在那喊：'Wrong！''It's wrong！' 真是太没有礼貌了。"

"你是奇怪为什么美国人会选一个粗俗的总统出来？"

"是的，而且希拉里更有从政经验，为什么他们不选希拉里呢？"他问，"特朗普根本不像一个总统。"

"我们在英语课上看了特朗普和奥巴马的演讲。"他解释，"奥巴马才像个总统。"

我叹口气，组织了一下语言。谁晓得一个高考政治不及格的人，有一天会需要在饭桌上回答这种问题。

"我觉得从根本上要归结到科技的进步。"我说，"你记得学历史的时候，有一个最基本的原理叫作经济基础决定上层建筑。"

"是的。"他说，"因为掌握了农耕技术，才出现了聚落；因为禹组织修建大规模社会公共工程，对社会管理和资源配置能力提出更高要求，推动国家管理机构发育成长，启才会建立夏。"

"没错。"我说，"现代科技发展，形成了两个趋势：一个是越来越多低级工作岗位被机器替代，这就导致了教育程度低的人群越来越难找到工作；另外，互联网的发展让更多人有了发声的渠道，社会原来是金字塔形状，互联网让世界扁平化了……金字塔锤扁了之后，高层所占的面积就有限了。"

"那些失去工作的人为什么不学习呢？为什么不提高自己呢？"他问，"为什么只抱怨别人夺取了他们的工作，为什么不参与竞争呢？"

"责怪失去工作的人不努力，这是非常片面和傲慢的。你还记得《了不起的盖茨比》里的那段话吗？"我严肃地说，"当你要责备批评别人的时候，你要记住，并不是每个人都曾经有过你所拥有的优越条件。"

（注：《了不起的盖茨比》原文为："Whenever you feel like criticizing any one," he told me, "just remember that all the people in this world haven't had the advantages that you've had."）

"可是，一个人不就是应该面对竞争吗？"他说，"指责别人抢了自己的机会是没用的。"

"这是教育带给你的观念。"我说，"自控，努力奋斗，勇于面对竞争，这些品质都不是人天生就有的，是教育的结果。"

"你要明白，你在北京。并且即使在北京的孩子中，你所受到的教育都是非常好的，你的幼儿园、小学、中学，你的老师们，可以说有着这个时代中最先进的教育理念，并不是每个人都有机会，或者说大多数人都没有机会受到这样好的教育。"

"那些大山里的孩子。"他应该是想起之前看过的纪录片，"不过美国比我们发达得多，城市人口多过乡村。"

"是。"我说，"但还是有很多人被科技的进步剥夺了工作机会，而他们所受的教育又限制了他们的发展，他们会觉得失去了尊严，失去了希望。"

"像《北京折叠》里的主人公。"他说，"他的工作原是没有必要的，只是为了让他们有工作。"

"现实更残酷，没有机会就是没有了。"我说，"也许他们的行为并不理智，但他们的诉求是真实存在、不容忽视的。"

"可是科技发展是趋势啊。"

"被历史的车轮碾在底下的人，也可能把历史的车轮掀翻。"我说。

"真的吗？"他睁大眼睛，"历史也会倒退？"

　　"总的趋势不会变。"我说，"但几十年对于历史来说，不过是拐了弯，对于一个人来说，也可能是一生了。"（这么吓唬年轻人，真的好吗？）

　　"那我们应该怎么做？我国也是这样吗？"

　　"科技进步带来的利与弊都是类似的。"我说，"至于怎么办，我觉得你在《北京折叠》读后感的结尾写得就很好。"

　　"让更多的人获得受教育的机会，让每个劳动者都能过上有尊严的生活。"他说。

　　"是的。"我说，"作为一个获得了好资源的人，你有能力的时候，要做更多的事。"

说说我们昨晚聊了啥之二十：欺凌与脏话

2016.12.24

　　"政治课上我们讨论了中关村二小的霸凌事件。"他说，"有同学觉得，孩子的事情，就应该让孩子自己解决。"

　　"如果你遇到这种事，你怎么办？"我反问他。

　　"肯定要反抗啊！"他说，"揍他们啊，就算打不过，也得让他们知道我不好欺负啊。"

　　"你看，这就是能自己解决问题的基础。"我说，"但并不是所有的孩子都有解决问题的能力。"

　　"那怎么判断呢？"

"这不是由别人来判断的。是不是需要家长的帮助，得由那个被欺负的孩子自己决定。"我说，"同样的问题，有的孩子能一笑置之，有的孩子就会非常困扰。需不需要家长帮助，得由当事人自己决定，其他人说了不算。"

"那怎么判断是不是欺凌呢？"他问。

"我觉得欺凌是侮辱性的。孩子们一起玩，玩恼了，打起来了，这不叫欺凌，这叫发生矛盾。但一方主动去挑衅另一方，取乐，这就是欺凌了。"

"嗯。"他将话题转向另一个烦恼，"我们班里有个同学总是说脏话，老师希望我帮助他，我也想了办法，但是没有成效啊。"

"你想了什么办法？"我问。

"让他抄'我再也不说脏话了'。"他说。

我乐了："那他抄吗？"

"根本不肯抄啊。"他说，"我觉得还是得让他自己打心里觉得说脏话不好才行。"

"是啊。"我说，"靠惩罚，没有什么用。"

"他为什么总要说脏话呢？"

"表达方式是学习来的，也许他周围的人，在遇到类似情况的时候，就是用脏话来表达情绪的。"

"那怎么改呢？"

"只能同他讲，你一个受过教育的人，不能遇事还跟村口拖着鼻涕搓着泥儿的二癞子一样吧？"

"哈，他会恼羞成怒的。"他形容，"原地爆炸！挥舞手臂！大喊大叫！"

"总之呢，就还是要提升他的自尊心，让他在意自己的形象，觉得说脏话是给自己抹黑，这样才行啊。"

"说得容易，做着难啊。"

"尽力而为吧。"我说，"这种事情，别人只能拉一把是一把，哪能包教包会呢。"

说说我们昨晚聊了啥之二十一：我不是教你诈

2017.1.9

出去吃饭。等上菜的时候我决定搞点事情。

对某人说："今天我不是开会吗？接儿子接得晚，就微信转了五十块给他，让他去咖啡厅吃点东西。结果我去了一看，他面前摆着一盘酥炸鱿鱼圈，对面坐着他们班最漂亮的姑娘！"

某人还没来得及反应，孩子嚷起来："哎哟哟，这话要让我们班同学听到，我就完了！会被人八卦死的！"

"说的不是真的吗？我说谎了吗？"我笑眯眯地问他，"我编造了什么吗？"

"您没说谎。"他气呼呼地说，"但这意思也不对，这意思……"

"到底是怎么回事呢？"某人问。

孩子解释："就是我接到妈妈的红包后，看教室里还有两个同学，小A和小B，一个男同学一个女同学，我们就一起去了咖啡厅，我请他们吃了酥炸鱿鱼圈。"他强调，"我们是纯洁的同学关系。"

"这我相信，"我说，"就算以前有点暧昧，以后也没有了。"

"什么意思？"他问。

"因为我看到你喝着一瓶饮料，你对面女生喝的是免费的柠檬水。"我冷笑着说，"怎么也应该给女生买杯饮料啊，像你这样只顾自己的人，哪里会有女朋友。"

"可是您只给了我五十块钱，炸鱿鱼圈就三十五。"他快气疯了，吸了口气让自己冷静下来，"不，不是这样，我又差点被您带沟里去了。事实是，我们三个人每人给自己买了杯饮料，您来的时候小A已经喝完了她的珍珠奶茶。"

"嗯，从这个消费模式看来确实是纯洁的同学关系。"我憋不住乐了。

"妈妈您太坏了！太坏了！"

我笑眯眯地说："这下你能体会到部分事实和全部事实之间的区别了吧。现在试图引导舆论的人都没那么傻去编造谎言了，太容易被戳穿，只说部分事实是最常用的手法。"

"您是在教我干坏事吗？我学这个干吗？"

"干不干是价值选择，会不会是能力问题。"我说，"你要是会都不会，怎么看穿想忽悠你的人？"

"那倒也是。"他想了想说，"学解毒得先学制毒。"

您又想得太多了……

不过儿子，做个好人，一定要比坏人聪明、缜密、勇敢、坚韧，这个世界才有出路呀。

说说我们昨晚聊了啥之二十二：
为什么我不在意分数

2017.1.19

期末考试前，我们聊到考前症候群，如何舒缓压力。

我告诉孩子："不要去想分数。没用。"

他问我："为什么你不看重分数？"

"因为我看得懂题。"我答他。

他呵斥："谈正事呢，认真点。"

"因为没有用啊。"我说，"分数已经是结果，对于任何管理来说，单盯着结果都是没有用的。就像我们那天聊的，你得关注学习过程。"

那天，是指考完课外班的物理的那天。他考得不好，自己非常沮丧。

"我听课很认真，不信你看我的笔记。"他说。

我同他讲："所以这说明只好好听课是不够的。"

拿过一张纸来写了学习的三个主要阶段：课堂听讲、作业、复习。

我告诉他："再认真听讲，课堂吸收也到不了百分百，何况知识点是一回事，用知识点解题又是另外一回事。这就是为什么要认真做作业，改错，这样才能掌握。且人总是会忘的，所以要复习。你在作业这一步就没做好，考前又根本没复习，考到这个分数是意料之中的。"

"您为什么早不提醒我呢？"他埋怨。

我微笑着说："没有切身体会印象不深啊。"

当然遭到了报复。

物理是课外班，刚好用来磨刀。学校的功课，我还是敲了敲边鼓的。

我解释："只看分数的家长，多半是没有精力和能力关注过程。而只看分数的学生，那是缘木求鱼。"

"我觉得还是要定个目标。"他说。

"你爱定就定吧。"我说。

"为什么我有的科学得就轻松，有的科就困难？"他问，"比如历史地理我就觉得容易，生物就难。"

我笑笑说："你是想让我说天赋吗？可能有一点儿，但是主要还是知识积累。你小时候看过的那些书不会白看啊，大体都了解，无非是诠释的角度和方式不同，当然学起来轻松。"

"是这样啊。"他似有点失望。

"不然还能怎么样啊。"我说，"胖子不都是吃的吗。"

"你就真的那么不在乎分数？"他又问，"我们同学的家长好多都可在意了。"

"你们都瞎交流什么啊？"我说，"你考得好我当然高兴，考不好那得分析一下为什么，光看分有什么用。打一顿就能学好了？这不是指望天上掉馅饼吗？"

"也有督促作用吧。"

"我更相信过程监督，如果你上课都认真听了，作业认真完成认真改错，复习的时候查漏补缺，一环扣一环，最后也不可能掉链子啊。"

"其他科是查漏补缺，数学我得精卫填海了……"他很有自知之明，"我数学考不好你不会发火吧？"

"你数学考不好不也是意料之中的吗？课本上的题都没做完。这是要开天辟地的节奏啊……"一不小心又把实话说出来了——我看了看他的表情说，"不会。"

"真的吗？"他怀疑。

"没用，不做。"

说说我们昨晚聊了啥之二十三：手机！手机！

2017.2.23

昨天参加学校的活动，与几个家长碰了面，聊了些话题。

提到手机。

一位家长说自己没收了孩子的手机；另一位家长谈到自己看了孩子的微信，对其中的言论觉得非常震惊。

我比较震惊的是他们在提到手机时只是为所谈话题做一个背景的介绍，并不觉得没收手机、看孩子的微信有什么不妥。

父母的权利到底有多大呢？

很巧的是一位朋友当日发了个朋友圈：《一位潮妈给孩子制定的手机家规》。

> 亲爱的儿子：
>
> 现在你已经骄傲地成为一部智能手机的拥有者了。太棒了！你是一个优秀的、有责任心的13岁男孩，理应得到这份礼物。不过在接受这份礼物的同时，还得遵守一些规章制度。
>
> 请把下面的使用合约从头至尾读一遍。我希望你能明白，我的职责是把你培养成为一个全面发展、身心健康、对社会有益的年轻人，从而能够适应新技术且不被其左右。
>
> 如果你没能遵守下列约定，我将终止你对这部手机的所有权。

我把这篇文章给孩子转发了，问了问他的感受。他说："这里面说的道理很多是对的，但第一点就让人很不舒服。"

> **第一点**
>
> 这是我的手机，我付钱买的。我现在把它借给你用了，我是不是很伟大？
>
> **第二点**
>
> 手机密码必须要让我知道。

"第二点我也受不了啊。"我说，"她觉得自己很酷，我觉得简直傻透了。也太自以为是了吧。"

"是的。"他说，"她知道自己在说什么吗？"

话说这篇文我好几年前就曾经看到过，不知道是写手的文还是真有这样的潮妈，如果我青春期的时候看到这样的信，大概会撕碎了说："手机不要了！"（果然是青春期男孩特点七条中了六条的人啊。）

孩子教育我："道理还是对的。"

文章的最后说：

> 假设有一天你把生活搞得一团糟，那时我会收回你的手机。我们会坐下来谈心，然后再从头开始。你和我都在不断学习。我是站在你这边的"队友"，让我们共同面对。
>
> 我希望你能同意这些条款。以上所列举的大部分告诫，不仅仅适用于这部手机，也适用于你的生活。

看到这里孩子问我："为什么把生活搞成一团糟就要收回手机呢？"

"因为很多人不理解事情真正的原因，要找个替罪羊吧。"我说，"总要做些什么，然后安慰自己，我努力了，我采取了措施。"

他若有所思地说："我曾经以为小A成绩不好是因为他看漫画书，但是小B也看，小B的成绩很好。"

"没有取得好成绩，原因只有一个，就是没有把应该学的东西学会啊。"我说，"课堂上有没有认真听，作业有没有认真去做，复习时有没有认真去查漏补缺，这些才是重要的。"

我总结："有没有做正确的事才是关键，不玩手机不看漫画不做任何事就在那发呆也一样学不好。"

如果担心孩子会沉迷手机，就早早地培养他的自控能力。

如果觉得孩子在微信中的语言粗俗、内容低级，就早早地教他习惯说美的语言，习惯去深度思考。

（偶尔浅薄粗俗一下，也不是什么大不了的事。）

只盯住手机事倍功半，或会引发更大的矛盾。

制定条款用处也不大。家庭不是社会，不是由契约建立起来的，维持家庭运转的是一颗"体谅之心"。

一边说"我是你的队友"，一边说"这是我的手机，我付钱买的""我随时可能收回去"这样的话，不觉得矛盾吗？

说说我们昨晚聊了啥之二十四：爱好与群体

2017.3.23

"今天我跟小 L 生气了。他说你们这些喜欢星战的人，总会因为他说错关于星战的事讥讽他。"孩子说，"但我并没有那么做过。"

"呃，这不是啥大事。"我说，"作为'玉米'，我常常被误伤。当然我也知道有些'玉米'很讨人厌。"

"但是你不是因为要做'玉米'才喜欢李宇春的，你是因为喜欢李宇春才被归为'玉米'的。"他指出要点。

"没错。"我点赞，"中国人中有素质低的，你说不做中国人；地球人里还有恐怖分子呢，那只能去火星了。Biu！"

"是啊。"他笑了，又说，"小 L 的问题其实在于，他喜欢的东西比较特别，他喜欢玄学……"

"我像你们这么大的时候正痴迷麻衣相术……"我说，"还钻研静坐修道呢，后来实在盘不了腿才放弃的。"

"那你想要跟别人讨论这些吗？你会觉得无法融入群体吗？"

"没有。我没有想跟人讨论的想法，我的喜好一直和周围人不同，但这并没有困扰我。"

"小 L 觉得孤独。"

"爱好本来是可以用来打发孤独时光的，因此而孤独就不对了。"我说，"如果他想融入群体，就需要去了解别人。"

"别人的爱好他不感兴趣怎么办？"

"关系也并不一定要建立在爱好上。"我说，"知识，生命力，美，都是能够吸引人的元素。"

"展开说说？"

"一个人掌握别人需要的知识，能够帮助别人解决问题，自然受欢迎；一个人特别有生命力，总能想出好玩的点子，能带着大家活跃起来，也会受欢迎；或者一个人长得特别美，别人看着他/她喘气都开心，那也行。"

"要是都不具备呢？"

"你这是出难题了。"我说，"你又想要东西又没钱，那只能偷或者抢了。"

"东西还能偷，喜欢可没法偷。"

"对啊。"我说，"不过我始终觉得，没必要为别人不喜欢你喜欢的东西而烦恼，就算是钱也不是人人喜欢，还有人视金钱为粪土呢。"

"是，我喜欢霉霉，那谁和那谁都不喜欢，还嘲笑我呢。"

"那是他们没礼貌。"我评价。

"是的。不过小S和小Y都喜欢霉霉，我因此跟他们成了朋友。"

"这就对了啊。"我说，"朋友呢，一定得有交集。交集可以很小，但没必要强求全部的认同，那也不可能。"

"没有交集也不行吧。"

"那肯定啊。如果想要融入一个群体，就要找到和群体的交集。如果没有的话，你又何必去融入这个群体呢？"

说说我们昨晚聊了啥之二十五：
不能努力，就请甘于平庸吧

2017.4.1

孩子昨天遭到几项挫败。英语考了前所未有的低分；语文课上做阅读，原文是我给他讲过的，他只记得我给他讲过这篇文了；数学小测就更别提了……

出租车里他问我："为什么啊？"

我说："英语是因为上周末你病了，没有进行例行的作业错题分析和重做。"

他说："我错的那些题，都真的很简单啊！语文阅读也是，原来写成那样就可以得分！"

我说："不，是因为你看到答案才觉得简单。这是一种错觉。如果你能随手写出答案，才是真正的简单。"

"为什么你给我讲过的文我会不记得？"他又问我。

"因为你当时只是满足于听到了一个新知识。"我说，"这是另一种'我在好好学习'的错觉。听到了，觉得'哇，好有意思'；但这只是进了耳朵，没走心。"

孩子幽幽地叹道："我是不是很渣？"

我说："不，这只是平庸。"

好像并不是他想要的答案。

所以他问我："你觉得你自己呢？"

我谨慎地说："我略高于平均水平。不过我的能力高于我的企图心，所以我不会像你这样痛苦。"

写到这里我发现这么说好像挺残忍的，后来他没怎么说话。

倒是出租车司机跟我攀谈起来，他也有一个上初一的孩子，感慨现在的竞争激烈，又遗憾当年父母没有管过自己的学习，略懂得用功的同学都已出人头地。

现在水涨船高，略松懈就会被落下。

意识到这一点可能会让人焦虑，但焦虑是没有用的，有用的是努力。

糊涂地活着，或者清醒地战斗。

回家后我给了孩子一篇阅读，做完后请他自己对答案，对照答案钩得分点，修改。

这是用技术手段来控制"走心"的一种办法。要写下来，就不得不去思考。只有经过思考，知识才会被掌握。

听过了很多道理，还是过不好自己人生的人，就是因为道理只是听听而已吧。

知道，和能应用差着十万八千里。何况只是听一耳朵，到了该用的时候，根本也想不起来吧。

但大部分人都满足于知道，满足于去做了而不是做好，满足于一个"我也努力了"的幻觉。

更何况，总能找到阻碍自己深入下去的原因。那些原因都是很能说得过去的。但没做到，就是没做到。

浅尝辄止，就不免流于平庸。自己选的路，倒地了别喊。

说说我们昨晚聊了啥之二十六：神秘事件与科学

2017.4.24

孩子下了外教课，我们去吃饭，他在饭桌上突然问我："你听说过百慕大三角吗？"

我警惕地反问："你们老师又跟你们聊啥了？"——他的外教老师最爱扯一些神秘事件。

"世界上有可能存在若干个平行空间。"他道。

"这是一个假设，一种解释神秘事件的方式。"我说。

"一艘船几十年前消失了，后来突然出现，船上的人毫无变化。"他举例，"应该就是进入平行空间了。"

"这个是故事。"我说，"如果是真事的话，早就轰动世界，被科学家翻来覆去地研究个够了。"

"你怎么知道它不是真事呢？"

"逻辑。"我说，"这种大事件怎么可能不留下切实证据！这是当年通信不便的时候编的故事了，就跟鬼故事一样。"

"可有人真的见过鬼。"

"你知道科学上怎么确认一个事情的存在吗？"我解释，"这个事情必须是能够观测到的，不是说哪一个人偶然观测到，而是在一定的条件下可以重复观测到。"

"偶发的就是不存在的吗？"

"这种我们只能说未经证实。如果你想证明一个存在，就必须找出证明方法。先假设一个理论，在这个理论基础上预测结果，然后去做实验观察结果，看看结果是不是支持这个理论，如果不能，就去修正这个理论或者实验方法。"我强调，"过程，必须是可以重复的，这样才能证明一个存在。"

"就像药物的研发。"他举例。

"对，西药的每一种成分能起到什么样的作用，理论都是清晰的。"我说，"虽然实际应用比这个复杂，但基本逻辑是这样的。"

"中药不是这样吗？"

"中药的特点是，多因素的输入，导致多因素的结果。"我说，"比如说我，在一次服用中药的过程中，不仅目标病治好了，整个身体状态都好了。但这个过程既没有明确的解释，也无法由其他人重复，这就是中医不被称为现代科学的缘故。"

"中医的方子是逐渐总结出来的吧。"他开始讲故事，"一个人生了这种病，医生用这种方子治好了，另一个又有同样的病……"

五分钟以后，我打断他："差不多就是这样。其实这也是一个假设论证的过程。但因为整个关系不够清晰，所以我们只能说它是有效的，不能说它是科学的。"

"也许是技术的问题。"

"是。所以必须就事论事，不能盲目地相信，也不能盲目地否定。如果现象可以观察到，但现阶段无法解释，就先搁置起来。"

"世界未解之谜……"

"太多太多，等着你们去解呢。"我说。

说说我们昨晚聊了啥之二十七：再再次关于爱情

2017.5.26

"妈妈有件事情想咨询你一下，妈妈有个朋友的孩子跟你一样大，好像恋爱了。"

"家长怎么知道的？"

"老师说的。"我想了想，"她应该还看了孩子的聊天记录。"

"那应该是真的。"他说，"不过看聊天记录不大好吧。"

"我虽然也觉得不大好，但能理解。这是个女孩家长，对于这种事，女孩家长和男孩家长的心态是不一样的。"

"有什么不一样？"

"白菜被猪拱了和猪把白菜拱了能一样吗？"

"那家长能阻止两个年轻人的互相爱慕吗？"

"应该也不大能吧……"我犹豫地说，"不过家长很担心，毕竟太早了呀。"

"什么叫早呢？"他说，"是到大学才能恋爱吗？"

"我觉得这个早，不单单指年龄，还有阅历和能力。"我说，"爱情是最为复杂的一种关系，以你们现在的年龄心智，很难处理好两个人的关系，以及跟学习的关系。"

"家长到底担心什么？"

"担心学习上的退步，担心孩子处理不好关系受到伤害。"我总结。

"如果学习退步了，那就抓学习的过程，我期中不也退步了吗？你现在怎么抓的，跟人家说说。"

"你是浮躁不认真……"我说，"等我抓出成果再说吧。"

"如果觉得孩子恋爱的能力不够，就教她处理啊。"他说，"这孩子政治没好好学吧，政治书上都教了啊……"

虽然事情远没那么简单，不过我觉得孩子解决问题的思路是对的。

技术手段解决态度问题。

家长能做的有限。诚如孩子所说，没有人能阻止两个年轻人互相爱慕。能做的只是介入学习过程，盯着作业，改错，自己教不了的，就找别人教，尽量确保完成学习任务，确保列车不脱轨。

孩子被感情冲昏头脑，家长得清醒着。没有经济基础，哪来上层建筑。实话实说，成绩，就是孩子在学校的话语权。

就像家长的能力，扩大孩子的选择面，提高孩子的容错率一样；好的成绩，是孩子自己给自己争取的空间。

至于因爱慕产生的各种内心的纠结与痛楚，只能本人默默地承受。但这些苦，不是爱情必然有的。好的爱情，是春风得意马蹄疾，是跌一跤都有趣；让人患得患失进退两难的，便不是好的爱情。

青春期的孩子们未必能意识到这一点，反而容易沉浸在其中。因为这种感觉对他们来说是新鲜的、锐利的、丰富的，值得回味的。

如果成年人告诉他们这种感觉不是对谁的真爱，只是对自我的发现，对情感本身的沉迷，他们是不会听的。

默默地观察着吧，再心疼，谁又能替谁成长呢。

说说我们昨晚聊了啥之二十八：谈谈套路

2017.6.10

高考结束后照例又是吐槽时间。

我把一篇《你不是败给了草鱼，你是败给了套路——你不了解的中高考语文》转给了孩子。

他说："作者难道都不知道自己想表达什么吗？我觉得这样的套路也不是太好。"

又给我转了张图片，说："这一题也是一个令人哭笑不得的题。"

（3）光在真空中的传播速度是 3×10^8 m/s，则月球与地球之间的距离为 ___3.84×10^8___ m。

（4）如果《星球大战》中的激光剑刺向你，你可以利用 _平面镜_ _原力_ 把激光挡回去，那么拿剑者将会搬起石头砸自己的脚。

这是出题人为了"贴近中学生生活"而硬拗的题吧……也是辛苦了。

我跟他说："所以我让你多想想出题人要考你什么呀。一切科目都是数学，考你的都是对定理、公式的运用。在这个地图里，你是游戏的玩家，就要遵守游戏的规则。"

我并不反感套路。

掌握套路是基本能力。揣摩出题人的用意与揣摩客户的需求是相通的；类似于应试作文，绝大多数（如果不是全部）的公文写作也都有自己的套路。

在我不算短的职业生涯里，也曾经是一个不按套路出牌的愣头青，当然也受了教训。不过直到我开始带新人，才明白自己所谓的"个性"有多烦人，给"+1"带来过多少困扰。

这世界充满套路。

有些套路是写在基因里的，比如高油高糖的食物总是充满着诱惑力。要跳出基因的套路，得时刻警惕着，屡败屡战着。

有些套路你未必察觉，比如电影。《电影剧本写作基础》中贯穿的示例如下：

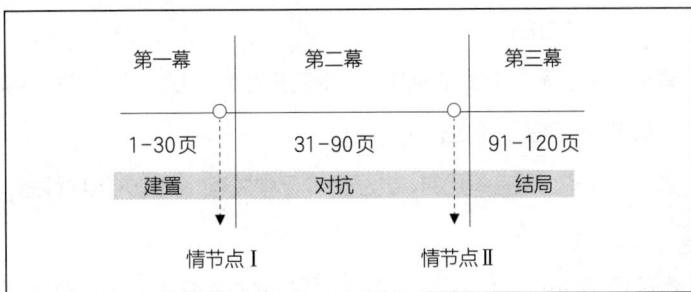

	第一幕	第二幕	第三幕
	1-30页	31-90页	91-120页
	建置	对抗	结局
	情节点 I		情节点 II

这是所有优秀的电影剧本的基础，是戏剧性结构的基础。一部优秀的电影，值得欣赏的不仅是内容，也有其对形式的驾驭。当然普通观众不会注意到这些，普通观众只会发现，只卖情怀的电影它不好看。

需要避免的不是套路，而是只知道套路，因为只有套路是不够的。虽然大多数人是从一个靠着本能答题的学生，成长为一个靠着本能工作生活的成人，根本不需要担心被套路所局限。人不会被不曾掌握的东西局限住的。

套路是桥，同时又是墙。走过它，如果有能力的话，打破它。

说说我们昨晚聊了啥之二十九：保持学习的习惯

2017.8.8

旅途中，我们遇到一个七岁的小孩，自理能力与自控能力都极强。在大巴车上，他是唯一常常独自坐的小孩，并自得其乐，并不需要家长的时时关注。

独处是一种能力。

餐桌上我忍不住夸赞了他几句，令我没想到的是，儿子因此不太开心，并指出了那孩子的不足。

当然那孩子也是有不足的，儿子并非无中生有。只是，这种行为，太低俗。

事后我同他说："无论妈妈表扬谁，妈妈最爱的都是你。当妈妈表扬别人的时候，你不能去说他的不足。"

"我说得不对吗？"他反问。

"内容是对的，但那些话，不该你说，更不该在那种时候说。"我解释，"这只能体现出你的嫉妒心。一个孩子总会有不足的地方，很多不足会随着他的长大被自然地弥补，就算是父母也没有必要说出来。你说的问题就是这种。"

"但你现在这个问题不是。"我强调，"你的班主任也曾经说过，你太容易关注到别人的行为问题，说得好听点是疾恶如仇，说得不好听点，就是吹毛求疵。"

"我不该管那些事吗？"

"不能一概而论。"我说，"对于不良现象，有一种人应该管，即职责在身的人，比如老师管学生；一种人可以管，就是有能力的人，比如鲁提辖拳打镇关西。当你去管那些事的时候，你要想想自己是不是属于这两种人。"

"那正义感呢？"

"所谓的正义感，要有度。"我说，"第一个度，就是要保证自己的安全。"

我举了个例子："前几天有报道一个十一岁的孩子救了一个八岁的落水孩子，学校给他颁发了见义勇为奖，但明确表示，不提倡这种行为。为什么不提倡呢？因为危险性太大，很多相似的例子，是被救的和救人的都溺水身亡了。"

"那些为人民奉献牺牲的英雄人物呢？"

"为什么会被称为英雄呢？就是因为他们做到了一般人做不到的事，对于这些人，我们敬仰他们。"我顿了顿说，"但我绝不希望你成为一个英雄。我希望你，一做好自己的事，二在能力范围内去帮助需要帮助的人。"

"这两点已经很不容易了。"我说。

我没有跟他明说的隐忧是我很怕他成长为一个只会批评指责抱怨不会建设的人。更可怕的是，这类人往往非常擅长发现其他人的不足、社会的阴暗面，但对自己应该做的事，却既没有要去做好的责任感，也没有做好的能力。从心理上来说，挑别人的错，也是为了弥补自身的不足，达到心理平衡——我不好，别人比我还不好呢；我没做好我的事，可是我有正义感啊；我没做好我的事，那是因为别人拖后腿啊。

这是我真正担心的事。

旅途中导游提到小国与大国的心态区别，小国人民往往善于学习别国的长处；而大国人民，更易看到别国的不足，以保持微妙的心理优势。

不如像李宇春所言："保持学习的习惯，保持对世界的好奇心，保持独立思考的能力。"